# 创新思维与创业教育

第 ❷ 版

主编 王中强 严志明

清华大学出版社
北京

本书封面贴有清华大学出版社防伪标签，无标签者不得销售。
版权所有，侵权必究。举报：010-62782989，beiqinquan@tup.tsinghua.edu.cn。

**图书在版编目(CIP)数据**

创新思维与创业教育 / 王中强，严志明主编. —2版. —北京：清华大学出版社，2024.6
ISBN 978-7-302-65517-6

Ⅰ.①创… Ⅱ.①王… ②严… Ⅲ.①创造性思维—高等职业教育—教材 ②创业—高等职业教育—教材 Ⅳ.① B804.4 ② G717.38

中国国家版本馆 CIP 数据核字 (2024) 第 044781 号

责任编辑：王　定
装帧设计：孔祥峰
责任校对：马遥遥
责任印制：宋　林

出版发行：清华大学出版社
网　　址：https://www.tup.com.cn，https://www.wqxuetang.com
地　　址：北京清华大学学研大厦 A 座
邮　　编：100084
社 总 机：010-83470000
邮　　购：010-62786544
投稿与读者服务：010-62776969，c-service@tup.tsinghua.edu.cn
质 量 反 馈：010-62772015，zhiliang@tup.tsinghua.edu.cn
印 装 者：北京鑫海金澳胶印有限公司
经　　销：全国新华书店
开　　本：240mm×186mm
印　　张：17
字　　数：422 千字
版　　次：2017 年 8 月第 1 版　　2024 年 6 月第 2 版
印　　次：2024 年 6 月第 1 次印刷
定　　价：69.80 元

产品编号：101822-01

# 本书编委会

**主　编：**

　　王中强　　严志明

**副主编：**

　　吴燕萍　　许慧芳　　徐晓燕　　张　萍

**编写委员会：**

　　刘佳玲　　钱　怡　　张风丽　　年文韬

　　张　影　　孙苗苗　　宋　慧　　杨　利

　　吴宸琛　　胡　海　　王　惠　　肖　瑶

　　谢　猛　　孙云立　　杨春玲　　潘　梅

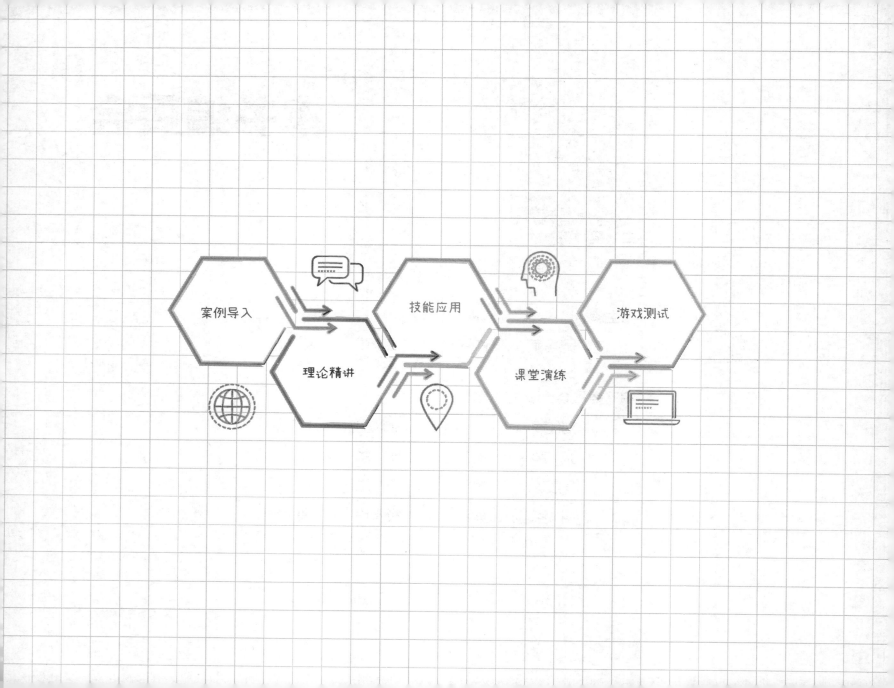

# 前 言

面对百年未有之大变局,在以习近平同志为核心的党中央坚强领导下,我国政府实施创新驱动发展战略,深入推动"双创",催生了大量市场主体和就业岗位,培育壮大了新动能。创新创业成为国家赢得未来的基础和关键。

而创新是一个民族进步的灵魂,是一个国家兴旺发达的不竭动力,创新驱动实质上是人才驱动。新时代的创新创业教育要以习近平新时代中国特色社会主义思想和党的二十大精神为具体行动指引,面向全体学生,融入人才培养的全过程。

《创新思维与创业教育(第2版)》在已有基础上,坚持新理念、新目标和新方法,在融合专业教育的基础上,以转变教育思想、更新教育观念为先导,以创新引领为课程体系的重点,围绕高校创新创业教育工作实际,以"活动教学、案例教学"等方式,提升学生的社会责任感、创新精神、创业意识和创业能力。尽心支持每一次创业,悉心呵护每一个创新,激励更多学生投身创新创业。

本书共分为九章,从读者容易接受的角度来安排内部结构:案例导入——理论精讲——技能应用——课堂演练——游戏测试。同时,每个章节安排了对于知识的思考与技能的练习,让读者能够更好地掌握所学内容,从而为创业打下坚实的基础。

# 目 录

## 第1章 了解创新创业
002 / 1.1 有好创新才有好创业
012 / 1.2 创新的七个来源
032 / 1.3 从中国制造到中国创造

## 第2章 拓展创新能力
044 / 2.1 创新型人才是怎样炼成的
050 / 2.2 如何进行创造性思考

## 第3章 探索创新机会
060 / 3.1 哪里是风口：行业的观察分析
068 / 3.2 抓住消费需求与痛点
078 / 3.3 进行市场调查与机会评估
090 / 3.4 新兴产业：商机无限

## 第4章 构建商业模式
100 / 4.1 什么是商业模式
108 / 4.2 商业模式的九个要素
132 / 4.3 如何构建成功的商业模式

## 第5章 规划创业实践
142 / 5.1 创业环境与经济形势
150 / 5.2 如何撰写创业计划书
156 / 5.3 创新创业竞赛与实践

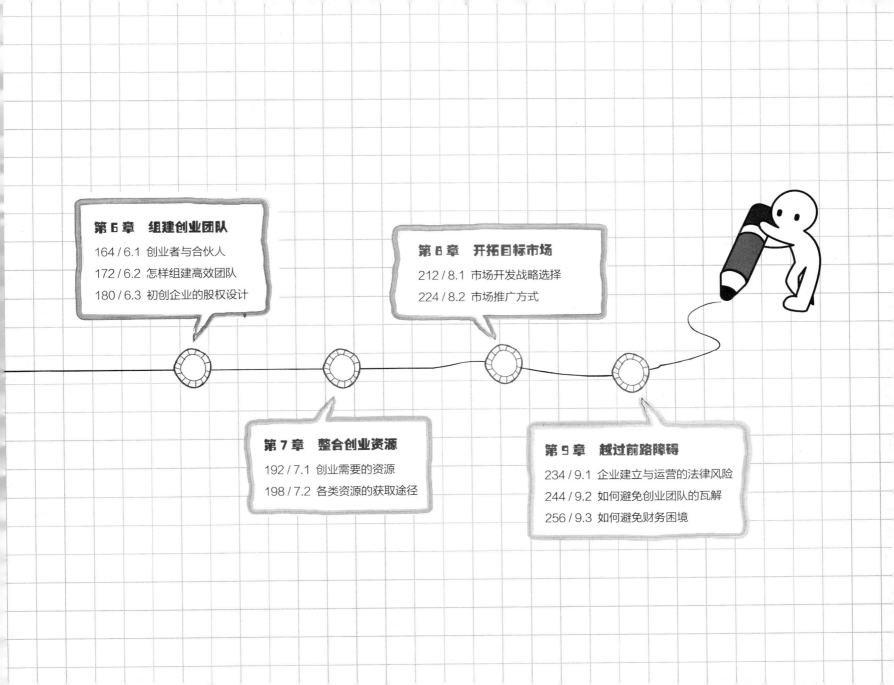

# 第 1 章
# 了解创新创业

- 1.1 有好创新才有好创业
- 1.2 创新的七个来源
- 1.3 从中国制造到中国创造

# 1.1 ◇ 有好创新才有好创业

# 风雨金奖路，创新勇为先

来源：常州信息职业技术学院，《优秀毕业生刘栋照——风雨金奖路，登顶"互联网+"》，编者有修改

常州信息职业技术学院机器人专业学生刘栋照，带领着"第七感应——国内领先的钢铁渗碳层检测专家"项目团队，在2020年第六届中国国际"互联网+"大学生创新创业大赛的"丛林"中一路披荆斩棘，最终捧得大赛金奖。每一份成功都离不开艰辛和付出，他曾获得过各类比赛奖项、省优秀毕业生和学生干部，还有6个实用新型专利。他用汗水和智慧编织了一个个耀眼的光环，记录了他青春的激情和动力，这也是他逐梦"创新成才之路"的最好诠释。

## 一、初心酬壮志：心之所向，百炼成钢

苦难人生磨心智，成长途中当自强。刘栋照出生于皖北的农村，家里没有太多的经济收入，能给予他的就是面朝黄土背朝天的勤劳和如石头般的坚韧意志。年少的生活磨砺让他很早开始独立，他坚信这是一笔财富，更感激苦难给了他厚实的性格。怀着"选择一种姿态，让自己活得无可替代，没有所谓的运气，只有绝对的努力！"的"青春之志"，刘栋照步入了大学。大学期间他更是践行这一初心，各项专业成绩都名列前茅，同时还特别注重锻炼自己的实践能力。让他记忆犹新的是，2019年备赛第六届"欧姆龙杯"自动化控制应用设计大赛企业命题赛的那段时光。

当时还是自动化小萌新的他面对实际企业的项目需求没有一丝畏难情绪，他经常出现在专业论坛、非标自动化的QQ群中，向企业的自动化工程师请教问题，研究实际企业项目案例。一有空他就待在工作室推进项目，期间共绘制七大模块设计图纸共计469个三维零部件，并且可细化到每一个螺栓和螺母。因为大赛要求整个项目预算要在20万元以内，他多次修改方案，提高设备的性价比，制定物料清单和报价说明。功夫不负有心人，刘栋照带领团队最终获得第六届"欧姆龙杯"自动化控制应用设计大赛全国一等奖，击败了多支本科和研究生队伍。

## 二、风雨金奖路：全力以赴，登峰造极

一心想要拓展见识、实现梦想的刘栋照，报名参加了第六届中国国际"互联网+"大学生创新创业大赛。

项目团队发现了目前渗碳层检测过程中速度慢、步骤繁琐等问题，正是他扎实的专业知识，加上在各项赛事中所磨练出的创新意识，他和项目团队创新性地利用钢铁渗碳层的矫顽力值与材料含碳量相关的原理，采用磁滞回线来确定钢铁渗碳层的厚度，并采用独特的探头设计技术，实现对不同形状工件的快速检测。有了创新的技术思路还不够，接下来就是日以继夜不断地试验和调试。在大家为新技术思路是否能够完美解决实际问题而感到疑虑时，刘栋照不断鼓励大家，给大家加油加劲。在他看来，只有思路、知识和技术是远远不够的，"好的创新"还要有强大的内心，要学会低成本的快速试错调整，只有这样项目才能走得更远。

"好的创新"还需要根据反馈进行不断迭代，在项目中他多次跟老师深入企业进行实际调研，调查市场需求和现实痛点来继续提升产品性能。从寒冷的冬天到炎炎夏日，他和团队小伙伴们多次带着设备到企业进行实际工况下的数据测试。给他印象最深的是在一家热处理厂，在酷暑高温下，他们依然要在热处理炉子旁边进行设备测试。汗如雨下，大家依然咬紧牙关，因为一路走来每个人都看到了这一创新的真正价值。最终顺利解决了工件抖动、探头耦合等诸多问题。

风云际会，群英荟萃。"第七感应——国内领先的钢铁渗碳层检测专家"项目从想法变为现实，一路有风有雨、有笑有泪，不断完善，最终出现在了"互联网+"大赛的金奖名单上，这是刘栋照和他的团队自己写下的最满意的答卷。

### 三、薪火永相传：但行好事，莫问前程

机会，永远垂青于有准备的人。不做盲目的跟风者，顺着自己的兴趣爱好，追求大学生活里的小小作为。在校期间，他担任机器人协会会长，带领其他同学一起探索求知未知世界，学习与研究工业机器人和特种机器人以及机器视觉理论与应用，积极组织同学们参加创新创业训练，精心策划并组织实践创新活动，富有激情的他总能让团队变得活力满满，凝聚力十足。

2020年11月，他成为了一名光荣的中共预备党员，不论是学习、生活还是工作中，他都有着强烈的社会责任感和使命感，只要他能做到的，能帮到的，他都会尽最大努力去做去帮，同学们亲切地称他为"暖心照哥"，他用自己的实际行动发挥了一名党员的先锋模范作用。在协会中，他非常注重"老带新"形成向上氛围和集体力量。至今，机器人协会成员已经获得国家级大赛金奖两项、一等奖两项，省赛和省级荣誉5项；申请专利25项，已经授权9项，成员获奖率高达57%，已经成为学院的"党建品牌"。

刘栋照说最喜欢的一句话是"但行好事，莫问前程"。只要认真做了一件事情，脚踏实地，不懈努力，最终结果就会水到渠成，繁花自开。

心中有梦，方能起航。站在人生的道路上，刘栋照秉着"海到天边天作岸，山登绝顶我为峰"的气概，在"创新成才"的路上，坚持着内心的执着，迈着坚实的步伐，迎接着每一次的挑战。他，必定会风雨无阻，全力以赴！

## 初步认识"创新创业"

在"大众创业,万众创新"的时代背景下,创新和创业已经成为了当下的热点。对于国内企业来说,以模仿求发展的路现在越走越难,创新几乎已经成为创业的"必由之路"。可以说,"无创新,不创业"已是今天这个"创业黄金时代"的主旋律。

对于创业者来说,有很多的方面可以创新,不能仅仅只关注技术或产品方面。要真正实现"创新创业",创业者需要了解的问题有很多——究竟什么才是创业、什么才是创新、该怎样创新、创新对创业的作用体现在哪里?这些问题是我们学习"创新思维与创业教育"首先需要弄清楚的问题。

我们在这一小节中,针对这些问题作了初步解答,并在后续的章节中逐步深入,直至真正掌握"创新创业"的精髓和要义。

创新与创业两者并不是孤立的,而是相互融合、相互促进的关系。没有创新,创业可能会举步维艰;而没有创业,创新将失去赖以生存和发展的根基。认识到这一点对我们的学习至关重要。

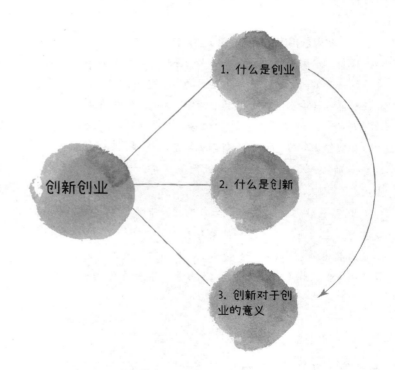

第1章 / 了解创新创业

知识链接

# 知识点❶：什么是创业

创业到底是什么？对于这个问题，最通俗的解释就是"创办企业"。但用这四个字就能完全概括"创业"吗？答案当然是否定的。现在，"创业"已经成为了企业管理中的重要内容，其中包含了非常丰富的内涵，即使是成熟的大企业，也会因为经营环境的不断变化而需要在创业这门学问中不断寻求生存与发展之道。

## ❊ 关于"创业"的不同定义

**杰弗里·蒂蒙斯**
Jeffry A. Timmons

美国百森商学院富兰克林·欧林创业学杰出教授

创业是一种思考、推理和行为方式，它为机会所驱动，需要在方法上全盘考虑并拥有和谐的领导能力。

**霍华德·斯蒂文森**
Howard H. Stevenson

美国创业学专家，哈佛大学商学院工商管理学教授

创业是一个人——不管是独立的还是在一个组织内部——追踪和捕获机会的过程，这一过程与其当时控制的资源无关。

**李家华**

著名生涯规划与创业教育专家

所谓创业，就是不拘泥于当前的资源约束、寻找机会、进行价值创造的行为过程。

## ❋ 从"创业"定义中获得的启示：对创业者的能力要求

领导和决策能力

创业者的领导能力和决策能力在很大程度上决定了团队的战斗力，也决定了企业的战略决策能力和抗风险能力。

获取资源的能力

创业者所能掌握的资源决定了创业的难易程度，而获取资源的能力才是成功创业的根本。

把握机会的能力

对于机会的管理是创业活动的核心内容之一，创业者必须善于发现和把握机会。

知识链接

# 知识点 ❷：什么是创新

在人类诞生和发展的历史长河中，创新始终是推动人类不断进步的重要力量。创新遍布人类生活的方方面面。对于整个社会，有政治、经济、商业、艺术的创新，对于企业和个人，有观念、知识、技术的创新，简而言之，人们在平时的工作、生活、学习、娱乐中都离不开创新。创新改变了我们的生活，也改变了整个世界的面貌。

创新是什么？1905年，约瑟夫·A.熊彼得在《经济发展理论》一书中首次提出"创新理论"（Innovation Theory），他认为创新是指把一种新的生产要素和生产条件的"新结合"引入生产体系。熊彼得将创新分为原材料、工艺、产品、市场及管理方式创新五个方面。概括来说，创新是以不同寻常的思路或见解作为指导，利用现有的资源改进或创造原来不存在或不完善的事物、方法或环境等，并获得一定有益效果的行为。

❋ **企业创新的五个方面**

01 技术创新
富士康采用机器人生产线制造手机

02 产品创新
华为开发 Mate 60

03 管理创新
小米设立"小米之家"

04 材料创新
华为手机采用自研的海思处理器

05 市场创新
奇虎360进入儿童手表手机市场

 **思考题**

企业为什么要创新？这些创新能为企业带来什么好处？

# 知识点 ❸：创新对于创业的意义

不创新，就灭亡。

—— 福特公司创始人 亨利·福特

被誉为"管理学之父"的彼得·F.德鲁克认为，创新是组织的一项基本功能，是管理者的一项重要职责。由此可见，创新并不仅仅是高科技企业或是新兴产业企业的"专利"，也是每一个企业赖以生存和发展的基石。

对于初创企业而言，创新尤其重要。如果没有创新，在资源、人才、品牌等各方面均不占优势的初创企业就很可能在初入市场时触礁搁浅，在残酷的市场竞争中败下阵来。

HUAWEI Mate 60 　产品创新
推出新产品或改进原有产品

 儿童手机 　市场创新
开辟或进入新的市场

 机器人生产线 　技术创新
采用新的生产技术或在商业层面用不同方式处理产品

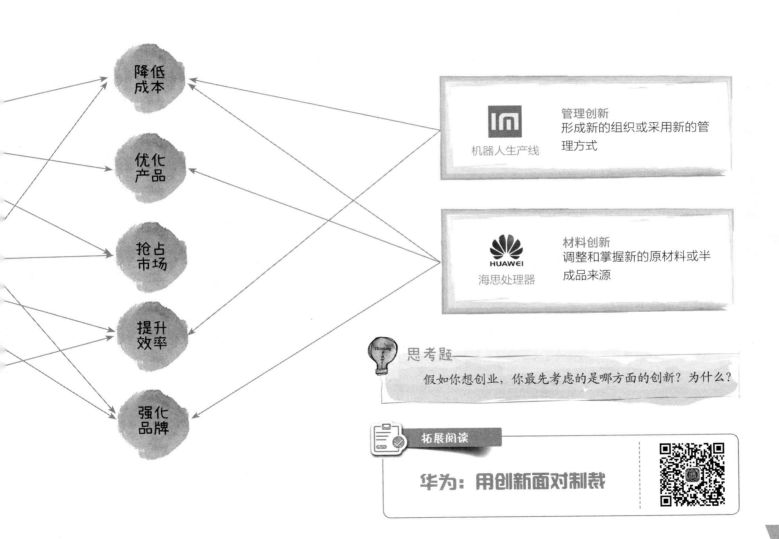

## 1.2 ◆ 创新的七个来源

 引导案例

# 让老年人也能实现自身价值

来源：网易新闻，《银巢未来：实现资深公民的社会价值》，编者有修改

据世界卫生组织预测，到2050年，中国将有35%的人口超过60岁，成为世界上老龄化最严重的国家之一。庞大的老年群体，为社会养老带来了挑战。以95后女孩李靖慧为首的一群来自浙江宁波的年轻人，创办"银巢未来积极养老服务中心"，努力为这个课题求解。从最初的帮爷爷奶奶们上老年大学，到运用互联网技术对接"社会需求"和"老年人知识与技能"，充当"老年人力资源"的第三方经纪人，四年来，"银巢未来"活跃在宁波市鄞州区，改善了数以万计银发一族的精神生活质量，为这些老人带来了晚年的尊严和幸福。

**想让爷爷有个学习的去处**

李靖慧从小在慈爱的爷爷身边长大，和爷爷感情很深，因此对老年人有着天然的亲近感。她说："别的老人爱好下棋打牌，爷爷的爱好是翻看我的课本和新华字典，问我这个字怎么读，那个字怎么念。看过的书，和爷爷交流起来还是会有新的发现。那时我就知道老年人的精神世界远比我们想象的要丰富得多，只是我们一直忽略了。我老想，如果有一个地方可以让爷爷重新去学习，他一定很快乐，但以我爷爷的情况，根本没有机会进入老年大学学习。"

从大一开始，李靖慧就加入面对老年人的志愿服务，她发现很多像自己爷爷一样的老人生活十分冷清、孤寂、枯燥无味，这令李靖慧十分心酸，想为这些老人做点什么。而让李靖慧更加坚定这个想法的，是在一次志愿活动中，她注意到一位老人连续几个星期都站在门口旁听。起初她以为老人是来接孙女的，直到老人从口袋中掏出随身携带的已经被削得很短的铅笔，在门口跟随着上课老师写字时，她才意识到当代老年人在精神层面的极度渴望。

"如今的不少老年人,当年是为了生活而生活,鲜少接触到文化教育,在如今物质条件逐渐变好的时代,老年人更需要的是精神养老。"李靖慧说。这个95后姑娘通过她所观察到的现实,发现了一个当代中国普遍存在的社会问题。

**重新发现老年人的智识财富**

随着我国老龄人口日益增多,多数城市家庭结构变成一对夫妇赡养四位老人,在孝养、关怀老人方面,子女普遍力不从心。而当代物质至上的价值观,导致养老从以往的"用心"逐渐转变为"用钱",传统家庭观念中孝养父母的思想逐渐转变为用物质、金钱供养老人,5000年的"孝道"文化逐渐歪曲。

而从老人本身的现实情况来看:随着科技和医疗手段的不断进步,老年人的身体素质得到了很大提升,平均寿命变长。大量的退休老年人,特别是老干部、老教师等,仍具有劳动能力,而且还有相当高的水平。老一辈具备年轻人未必具备的优秀精神品质:工作认真、品质坚韧,在经验、知识、技能方面具有年龄优势,是传承优秀文化、化解矛盾纠纷、维护社会稳定可以依靠的重要力量。所以,具备能力和经验的老年人是社会的宝贵资源。

习近平总书记强调:要积极看待老龄社会,积极看待老年人和老年生活。积极看待老年人,消除年龄歧视,引导全社会接纳、尊重、帮助老年人,大力发掘资深公民的人力资源,对于身体素质较好并有精神需求的老年人,为其提供机会,引导他们保持老骥伏枥、老当益壮的健康心态和进取精神,让他们老有所为、老有所乐,发挥正能量、作出新贡献——这已经成为时代的呼唤。

**美好初心下的更大使命**

巨大的社会需求，加上政府政策的支持，意味着巨大的创新空间和未来前景。出于对老年人的深切关怀，李靖慧——一名在校大学生，联合一群志同道合的青年人，在宁波市鄞州区政府的支持下，创办了"宁波市鄞州区银巢养老服务中心"，项目的简称为"银巢未来"，寓意"银巢有你更有未来，银巢里有着每个人的美好未来。"

有人说，你应该去给小朋友做公益，他们才是未来的栋梁，老人不行了，没有创造力了。李靖慧坚决不认同这种"年龄歧视"，她希望，所有的老人，都可以不因年老而心老，每个老人都可以去上老年大学，都有学习的机会和权利。她认为，他们更应该享受到新时代社会进步所带来的福利。

"我很愿意和老人们待在一起，也愿意分享他们的喜怒哀乐。他们也曾年轻过，付出过，如今老了，我想让他们感受到来自新时代的、年轻人的关爱。"

从"满足爷爷奶奶们学习的愿望"这个朴素的孝思出发，李靖慧和她的团队开始了在积极养老领域的创业。在"帮助老年人通过积极养老来构筑幸福生活的良性循环"的使命驱动下，四年来，她们的探索和行动早已远远不止于帮爷爷奶奶们上老年大学。"银巢未来"活跃在宁波市鄞州区，改善了数以万计银发一族的精神生活质量，为这些老人带来了晚年的尊严和幸福。

从前面我们知道，创新需要引起创业者的高度重视。但是，我们应该从哪里展开创新呢？现代管理学之父彼得·德鲁克在他的《创新与企业家精神》（又译作《创新与创业精神》）一书中，根据很多成功的典型创新案例总结归纳出了创新的七个来源，清晰地为我们指明了寻求创新的方向。尽管这本书出版已有二十多年的时间了，但今天，互联网时代的创业者们依然可以从这些极富智慧的见解中寻找到创新的真谛。

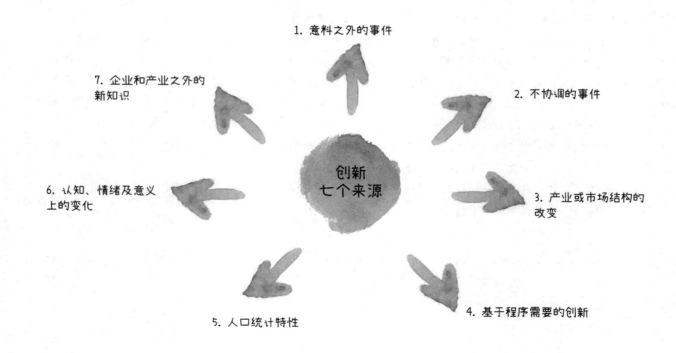

第 1 章 / 了解创新创业

# 知识点 ❶：创新来源之一 —— 意料之外的事件

在我们平时的学习、工作与生活中，常常会发生一些意料之外的事件。这些事件能让我们以之前没有想到的视角进行观察和思考，也因此成为创新的一大契机。

我们身边的创新 ①

微波炉是典型的"意料之外的事件"引发的创新产品。1945 年，美国雷达工程师斯宾塞在做雷达实验时偶然发现口袋里的巧克力块融化发粘，他由此发现了微波的热效应。同年，微波热效应的第一个专利在美国诞生，1947 年雷声公司研制出世界上第一台微波炉。经过不断改进，1955 年家用微波炉在西欧诞生，20 世纪 60 年代开始进入家庭，随着技术的不断进步，微波炉得以广泛普及。

| 学习：经典企业案例 | 实践：创新创业场景 |
|---|---|
| 　华为是中国知名的科技企业，其创新实力备受全球关注。华为在 5G、人工智能、云计算等领域都有重要的创新成果。其中，华为在 5G 技术方面的创新，推动了全球 5G 网络的发展，为人们提供了更快速、更稳定的网络服务。华为在人工智能领域和芯片制造领域也有重要突破，其芯片技术的突围背后凝聚的即是长期坚持的创新力量。 | 　假如你是一个初创企业的负责人，发现在企业的产品线中，有一款并没有投入多少营销成本的产品市场表现却非常好，大大出乎管理层的预料。对此，作为企业的管理者，你的反应是什么，应该采取哪些行动呢？ |

知识链接

# 知识点 2：
# 创新来源之二——不协调的事件

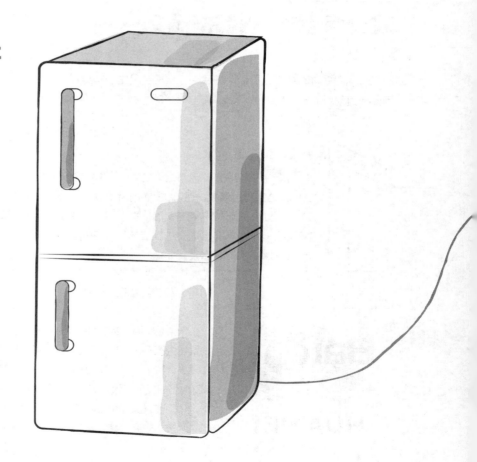

我们在使用某种东西的时候，常常会遇到一些"不顺手"的情况。这种"不协调""不合理"其实正是促进产品创新、改善用户体验的重要推动力量。

### 我们身边的创新 ②

过去的电冰箱全都是冷冻柜在上,保鲜柜在下,这样的设计对于使用者来说其实很不方便。因为绝大多数电冰箱是保鲜柜使用频率较高,而冷冻柜使用频率较低,每天一般只打开一两次。这样,电冰箱的使用者为了从保鲜柜里取物品,每次都得弯下腰或蹲下去,视线才不会被阻碍。现在,几乎所有的电冰箱都在设计上做了更改,形成冷冻柜在下、保鲜柜在上的布局。

| 学习:经典企业案例 | 实践:创新创业场景 |
|---|---|
| <br>百度的创新主要体现在人工智能领域。百度通过深度学习、自然语言处理等技术,推动了人工智能的发展。例如,百度推出的语音识别技术,为人们提供了更加智能、便捷的语音交互体验。此外,百度在图像识别、智能推荐等方面也有重要的创新成果,为人们提供了更加智能化、个性化的服务。百度的创新也推动了中国人工智能行业的整体发展。 | 如果你有创业的想法,你是否发现生活中有哪些"不协调"的事件?有没有考虑如何加以改进?<br>作为创业者,如果遇到大量类似的客户,你会让你的客户服务团队如何处理?是息事宁人还是认真讨论?如果你认为需要讨论的话,你又如何和你的客户服务团队一道分析客户的投诉和随访时的抱怨? |

## 知识点 ❸：创新来源之三 —— 产业或市场结构的改变

当今的社会，我们的生活经历了巨大的变化，同时产业和市场结构也发生了深刻的变化。全球化浪潮、技术的发展以及互联网（尤其是移动互联网）的普及成为很多变化发生的重要原因。

## 我们身边的创新 ③

2016年年底开始,国内掀起了共享单车的创业热潮。共享单车是一种分时租赁模式,企业在校园、地铁站点、公交站点、居民区、商业区等区域为客户提供自行车共享服务。共享单车企业察觉到了移动互联网的普及对客户需求的影响,成功地开辟了全新的市场。共享单车为很多人的出行提供了便利,也以其"低碳环保"的理念得到了各界的认可与推崇。

| 学习:经典企业案例 | 实践:创新创业场景 |
|---|---|
| 阿里巴巴的创新主要体现在云计算和大数据领域。阿里巴巴通过电子商务平台的创新,打造了全球最大的电子商务生态系统,为消费者和商家提供了更加便捷、高效的购物体验。同时,阿里巴巴在云计算和大数据领域也有重要突破,为各行各业提供了更加智能化、高效化的解决方案。 | 在寻找创业机会时,你有没有注意到一些财经报道中关于行业、产业变化的文章?或是观察到生活中人们消费习惯、消费行为的一些不易被察觉的变化?<br><br>在企业运营中,行业和市场的变化应该引起创业者的足够重视,抢先一步意味着获得巨大的机会,而落后一步则可能意味着被市场抛弃。 |

## 知识点 ❹：创新来源之四 —— 基于程序需要的创新

很多事情都有其固有的程序，比如，先要购票才能乘车。但在生活中这些程序往往有其不够合理的地方，而这些有待改进的地方正是创新的出发点。

**我们身边的创新 ④**

一些新手开车时，往往会在紧急状态下，把油门当刹车，造成车祸。为此，南京的一位大学生设计出一个传感器，能够迅速判断出是误踩油门，并转换成自动刹车。专家认为，此项创造发明有巨大的市场价值。目前，他发明的"油门刹车装置"已经申请国家专利，并以此开始创业。这项创新就是"基于程序的需要"。而在我们的管理流程、营销流程和客户服务流程中，也存在许多不合理的程序，等待我们去改进及创新。

| 学习：经典企业案例 | 实践：创新创业场景 |
|---|---|
| 比亚迪在新能源汽车领域的创新非常突出。比亚迪通过自主研发，推出了多款具有自主知识产权的新能源汽车，如比亚迪秦、比亚迪唐等。这些车型不仅在续航里程、性能等方面有重要突破，还在智能化、安全性、环保、节能等方面也有许多关键创新。比亚迪亦凭借其创新能力，在中国乃至国际新能源汽车领域中取得竞争优势。 | 你有没有对生活中一些固有的程序不太满意？或者在一些用户体验不佳的场景中发现程序上有不够合理的地方？尝试发现并思考其解决的办法。<br><br>作为一个创业者，你是否看到公司流程的一些弊端（比如重复劳动、不必要的成本增加等）？简化和改进这些流程，可以让企业有更好的运营效率。 |

# 知识点 ❺：创新来源之五 —— 人口统计特性

人口统计特性的变化是重要的创新来源。人口数量、年龄结构、性别组合、就业情况、受教育状况、收入情况等方面的变化，都会带来新的机会。比如老龄化和城镇化，就会带来一系列的创新机会。

# 第1章 / 了解创新创业

**我们身边的创新 ⑤**

逢年过节城市中的很多居民都有探亲访友、出外游玩等出行要求，家中宠物无人照料成了问题。这个时候"宠物假期托管"这种服务应运而生。其实，不光是宠物需要"托管"，有小孩的家庭也有托管的需求。一些大型的产后服务中心或家政服务机构也推出了婴幼儿托管服务。这些都是人口统计特性带来的创新。

| 学习：经典企业案例 | 实践：创新创业场景 |
|---|---|
|  字节跳动的创新主要体现在短视频和社交领域。通过推出抖音、今日头条等产品，字节跳动改变了人们的娱乐和信息获取方式。这些产品不仅具有强大的算法和推荐系统，还通过短视频、直播等形式，为用户提供了更加丰富、多样化的内容体验。此外，字节跳动在国际化方面也有重要突破，其产品在全球范围内都受到了广泛的欢迎。 | 根据你对本地人口数量、年龄结构、性别比例等情况的了解，你觉得其中是否有创新的机会？你和你的团队应该如何证实这个机会是否适合创业？试着了解市场的饱和程度、你的产品或服务所面临的竞争情况，并给出是否适合创业的理由。 |

## 知识点 6：创新来源之六 —— 认知、情绪及意义上的变化

人们在认知、情感等方面的变化常常会带来需求上的变化，从而带来新的市场机会，促使新的产品或服务出现。

第 1 章 / 了解创新创业

### 我们身边的创新 ⑥

在生活质量不断提升的今天，人们对于健康越来越重视，由此衍生出非常多的创新机会。"有机食品"概念的出现就是人们认知改变的典型案例。有机食品 (Organic Food) 也叫生态或生物食品等，是国际上对无污染天然食品比较统一的提法。有机食品通常来自于有机农业生产体系，根据国际有机农业生产要求和相应的标准生产加工。

| 学习：经典企业案例 | 实践：创新创业场景 |
|---|---|
|  微信的诞生和发展历程可以说是一波三折。在开发之初，腾讯公司内部有声音认为已经有手机 QQ 的情况下，研发微信毫无必要。但张小龙敏锐地察觉到了移动互联网时代人们对于即时通讯软件认知的变化，认为微信非常有必要。事后证明他的观点是正确的，微信成为腾讯延续即时通讯软件领先地位的重要产品。如果没有微信，腾讯无疑将失去巨大的市场。 | 对比自己的不同成长时期，你认为自己对于某个领域内产品或服务 ( 比如移动互联网、家政、教育等领域 ) 的认知有什么变化？你的朋友或家人是否有和你同样的改变？你认为这是否是一个创新的良机？ |

## 知识点 ❼：创新来源之七 —— 企业和产业之外的新知识

新的技术与知识是创新的有力支撑。在所有创新来源中，这个创新的利用时间最长，因为它往往需要多方面新知识的综合才能实现。

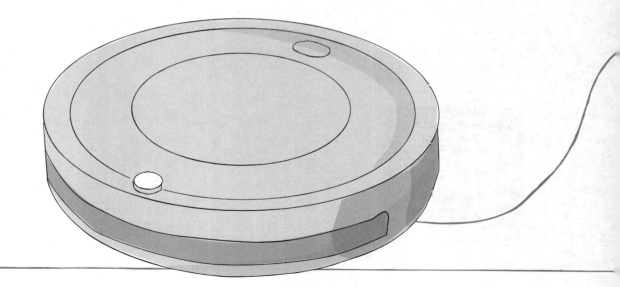

# 第1章 / 了解创新创业

## 我们身边的创新 ⑦

技术的发展给我们的生活带来了很多的便利。机器人技术应用在家庭生活中已经不足为奇,比如,一台扫地机器人的价格并不贵,使用起来也很方便,这在之前几乎是不可想象的。扫地机器人运用了很多领域的新知识和新技术,包括红外传感、无线定位导航、人工智能等技术。很多创新产品的开发也与扫地机器人类似,需要不同领域知识的整合才能实现。

| 学习:经典企业案例 | 实践:创新创业场景 |
|---|---|
|  宁德时代作为全球领先的电池制造商,其创新案例主要体现在电池技术和储能领域。宁德时代通过不断研发新的电池材料和结构,提高了电池的能量密度、安全性和寿命,使得电动汽车的续航里程更长、充电时间更短。此外,宁德时代还推出了储能产品,如储能电池、储能系统等,为家庭、企业等提供了更加便捷、高效的能源解决方案。 | 选取一款产品(比如手机电池),找出其使用上不方便的情况(重量、充电速度、效果等)。根据资料,了解是否有相关的新技术可以解决这类问题,以及相关产品商业化的情况。 |

## 演练一:"未来之星"笔记本

1. 老师提问:在使用笔记本的时候,你最不满意的是哪一点?(如:电池充电慢、有时必须弯腰使用等)学生回答之后,老师将学生所列举的问题写在黑板上。

2. 老师指定或学生自由组合成创新小组,每个小组用头脑风暴法讨论如何针对其中一点或几点进行改进。

3. 各组提交各自笔记本(可以完全不拘泥于现有笔记本形式)的构想,并由组长进行汇报。

4. 老师与同学对其创造性和可行性进行点评,并选出其中最佳方案作为"未来之星"笔记本的原型。

## 演练二：手机 App 谁最棒

1. 老师预先布置作业，学生找出最具创新性的 App（应用程序），准备其相关的资料，并制作幻灯片。
2. 学生上台进行三分钟演示，主要演示 App 的市场人群特点、预期盈利模式和主要创新点。
3. 老师与同学进行点评，并选出其中最佳汇报方案。

# 1.3 从中国制造到中国创造

 引导案例

# 小小弥雾机 大国工匠造

来源：教育导报，《小小弥雾机载起职校生助农梦》，编者有修改

成都职业技术学院大二学生李金龙带着他们创业团队研发的第三代非脉冲弥雾机在自家果园试飞时，顺利完成了相当于20个人工量的果树植保作业。

一年多以来，李金龙所在的这个由12个大学生组成的创业团队，秉持着助力农业发展的初心，一直致力于植保弥雾机的改进研发。几经突破，他们创新了三大核心技术，改进了传统脉冲弥雾机的几大缺陷，研发出国内首款非脉冲弥雾机。目前这款弥雾机已经投入市场，产生了107万元的销售额，意向订单还在不断增加。通过这一项目，团队还成功申请了1项发明专利，6项实用新型专利，3项软著和3个商标。

**创意萌发于为家乡的果园做点什么的初心**

2020年李金龙从空军某部队退伍复学，在汉源学生老乡会上，李金龙又认识了同样抱着创新创业想法的刘畅，果农家庭出身的她，深知病虫害对果树的影响，而现在大多数果农仍然还在采用效率低下的人工喷水雾的方式进行虫害消杀，便想做一款机械化的植保机器。她的想法得到了李金龙的支持，两人一拍即合。

他们发现市面上早就有了机械作业的植保方式，即植保无人机水雾作业、脉冲弥雾机。不过他们并没有灰心，两人又是查资料、又是实地做调研，发现植保水雾无人机仅适用于平坦地区作物的植保，而针对丘陵、高地的果树，水雾作业方式就出现了穿透力弱、施药方向固定，以及水雾颗粒过大等缺点，而脉冲弥雾机又存在点火难、噪音大、易堵塞的缺点，其高温和震动又会影响无人机安全。

"如果能突破以上问题，研发一款更加智能高效的机器，肯定会更有成就感。"李金龙说。刘畅也开始学习看政策文件，做市场调研。她说："乡村振兴，国家大力支持农业机械化、智能化。我国又是农业大国，植保市场还是一片蓝海。这些无不激励着我们坚定信心，把想法变成实践。"于是，他们开始立项——非脉冲弥雾机研发。

**创新三大核心技术，第三代非脉冲弥雾机广受好评**

团队初成后，他们迅速投入到研发行动中。针对脉冲弥雾机要持续性点火以此达到循环燃烧目的的缺点，他们设计了一次性点火持续燃烧的非脉冲弥雾机，并于2020年4月完成了第一代产品。但第一代非脉冲弥雾机只能手持，烟雾流量也较小，于是他们改进设计，于2020年11月完成可无人机搭载、烟管口径更大的第二代非脉冲迷雾机。

2021年3月，突破性升级后的第三代非脉冲弥雾机诞生。在第二代的基础上，团队首先通过在控制盒上自主研发智能系统，实现了弥雾机一键启动、智能传感、智能温控等功能；其次在喷烟管中创造性运用了内空无氧加热技术，把加热物、火焰、空气三者进行分离，从而实现无氧加热，在保证药效不被氧化的同时，提高热能利用效率，比脉冲式弥雾机节约一倍的燃料；最后，在防碳化堵塞技术上，采用毫秒级温度算法控制保障加热度低于碳化值从而减少碳化物的形成，同时内空直管结构，也更易于保养产品和清理碳化物。此外，第三代非脉冲弥雾机还大胆采用分体式设计，相较一体式脉冲弥雾机，更能平衡无人机的左右载重，减少坠机事故。"非脉冲弥雾机具有高效节能、无振无噪、一键点火、智能温控，以及分体设计的特点，创意独到，市场前景广阔。"在9月底结束的第七届四川省国际"互联网+"大学生创新创业大赛上，成都职业技术学院的非脉冲弥雾机得到了评委们的一致好评，并获得金奖。

在海南海口、云南西双版纳、成都温江等地进行的产品验证和权威检测中，非脉冲弥雾机的优势得到进一步显现，相较于植保无人机喷洒200~300微米的水雾颗粒，其烟雾颗粒只有15微米，颗粒更小，穿透力更强。同时，植保无人机的水雾只能垂直滴落于叶面，而非脉冲弥雾机烟雾可以实现环绕悬浮，以静电吸附的方式直接作用于叶面和叶背，实现全方位消杀。

目前，非脉冲弥雾机已经投入市场。2021年8月注册公司后，植保无人机经销商、飞防植保大队、农机经销商等商业合作接踵而来，营业额已达到107万元人民币，同时还签约了60万元的意向订单。

**创新创业实践开启人生更多可能**

"最开始我们并没有想到还能注册公司，就是想好好利用课余时间和创新创业知识，做点有意义的事情，如果成功了，至少能改变家里的植保作业效率。"刘畅说，"我从心底里感激学校的创新创业教育，我从小就有许多奇思妙想，是学校的资源和平台汇聚起一帮可靠的小伙伴，第一次把想法变成了现实。"这次成功的创新创业实践让她充分发挥了组织协调能力，也重新认识了自己，为今后的人生蹚出了一条新路。"我们要在科技助农的道路上走得更远。"

廖从萍说："我以前不爱说话，参加技能竞赛也只需要埋头搞技术，加入创业团队后，路演、答辩给了我很多练习表达能力的机会。"何瑞也表示，非脉冲弥雾机用于植保作业，需要对农业知识有所了解，除了邀请专家，自己也得看书学习。"现在提起农作物植保，大家都能头头是道。"

"参与创新创业实践不仅能锤炼学生的专业技能，更能促进学生综合素养的全面提升。"团队指导教师郑应松说，"不管实践成功与否，学生们都开阔了视野、增强了沟通交流、积累了经验，为开启更多的人生可能打下了基础。"

### 创新：中国制造的未来

中国制造历经多年的发展，到现在无论是规模还是门类方面在世界上都首屈一指。但在这一过程中，长期的粗放式发展造成了一些弊端，比如核心竞争力不强、可持续发展能力不足、环境污染等。

当前中国传统产业转型升级压力巨大，在信息化的浪潮下，工业化发展面临诸多挑战。为此，我国提出了"中国制造 2025"目标，旨在推动传统产业转型升级的同时，瞄准全球新一轮产业发展方向，促进传统产业与 3D 打印、机器人、人工智能等新兴产业的紧密结合，从而进一步缩小与发达国家之间的差距。

根据"中国制造 2025"的规划，我国正在推进创新中心建设，加快产业升级步伐，这对促进本土产品在价值链上的攀升至关重要。中国需要创新和应用新技术，从而在全球发展中保持竞争优势，立于不败之地。

创新将成为中国制造业转型升级的主引擎。制造业的转型升级要从完善国家制造业创新体系、加强关键核心技术攻关、夯实工业基础能力等六个方面进行推动。"中国制造 2025"将助力我国加强制造业的创新，促进产业的转型升级。

# 知识点 ❶：中国制造的发展历程

中国制造是指 Made in China 或 Manufactured in China，即原产地标志在中国境内（不包括港澳台地区）生产的产品。其中 Made in China 指原产地在中国，即原料是中国的，整个制造过程也是在中国完成的；而 Manufactured in China 多指原材料是由国外提供，只是在中国完成加工装配这一过程。

中国制造的发展可以追溯到改革开放之初，而真正的腾飞发生在 20 世纪 90 年代。我国加入世贸组织之后，中国制造迅猛发展，其速度与规模为全球所瞩目。随后中国制造遭遇到了压力，尤其是在 2008 年金融危机之后发展放缓，制约更加明显。为了振兴制造业，国家提出了"中国制造 2025"，用创新开启下一个中国制造的"黄金时代"。

初出茅庐

(1998)

"中国制造"浪潮始于 1998 年，当时的亚洲金融风暴使得很多亚洲国家和地区受到冲击，出口衰退。随着改革开放的不断推进，我国原有的工业基础加上大量释放的低成本劳动力，使劳动密集型产业快速发展，促进了出口的大幅增长。

攻城略地

(2002)

2001 年年底加入世贸组织之后，我国制造业步入了更快的发展轨道，同时出口额迅猛增加，年增速达到了 20%~30%。从 2002 年开始，"中国制造"开始在世界范围内大行其道，全球随处可以见到"中国制造"的身影。

## 遭遇反扑

(2005)

在"中国制造"日益崛起的同时，中国出口产品也不知不觉进入了"摩擦时代"。WTO(世界贸易组织)的统计数据显示，截至2009年，中国已经连续15年成为遭遇反倾销调查最多的成员国。从2005年开始，中国连续4年成为WTO反补贴调查最多的成员国。

## 危机来临

(2008)

全球金融危机、人力成本上涨、能源和原材料紧张、人民币持续升值……种种不利因素集中爆发。高速发展了近十年的"中国制造"形成了低成本、大批量的国际形象，后继发展乏力。当"中国制造"成就自己一个又一个世界第一的时候，自身却是庞大而脆弱的。

## 重新出发

(2015)

为了改变中国制造"大而不强"的局面，我国制定了《中国制造2025》这一为期十年的行动纲领，以新一轮科技革命和产业变革为契机，加快转型升级和跨越发展。我国将力争通过三个十年的努力，把我国建设成为引领世界制造业发展的制造强国。

# 知识点 ❷：中国制造面临的挑战

我国制造业已经基本具备参与国际竞争的条件和实力，部分实力较强的行业还有一定的优势。中国劳动力素质较高而成本较低，在劳动密集型和技术密集型产业相结合的领域具有较强竞争力。广阔的国内市场既能促进制造业规模经济形成，又能促进行业内部的成本降低和技术进步。

我国制造业尽管有一定规模和优势，但面临的挑战和困难也是很明显的，主要有以下几个方面。

## 1. 工业品的价格过低

中国制造的生产集中度较低，缺乏创新，商品同质化现象严重。部分门类产品生产厂家之间互相压价，价格倾轧现象比较严重。另外，企业对于一些"好卖"的产品竞相涉足，使得竞争异常激烈，利润被过分摊薄。不少企业为了能在价格战中站稳脚跟，甚至不惜牺牲品质。这些原因使得高额利润都被国外商家获取，国内企业整体上遭受损失。这也造成了注重质量与品牌的企业很难"杀出重围"，不利于整个制造行业的转型升级。

## 2. 产品的附加价值不高

在全球制造业的产业链布局上，有相当多的中国企业处在下游，在产业链中的位置多为组装和制造。在整个产业链中，组装加工的附加值相对比较低。很多企业接受的是技术或产品的转移，而研发或营销策略的实施则由发达国家进行。在中国制造的产品大多停留在加工制造的初级阶段的情形下，中国制造业仍处于低附加值、低技术含量的困境中，而高附加值、高技术含量产品的核心技术则被发达国家所掌控。产品附加值低、核心技术缺乏是阻碍中国制造发展的主要瓶颈。

## 3. 遭遇"信任危机"

长期以来，中国制造被打上了"廉价"和"质量一般"的标签，甚至在某些时候还遭遇了国际信任危机。在 2007 年前后，国内食品安全问题频出，全球一些知名企业宣布大规模召回在中国生产的产品，这些负面新闻的叠加给"中国制造"的声誉造成了难以挽回的损失。而一些商家的失信行为，不仅扰乱了市场秩序，还在境外造成了不良影响，损害了中国的国际形象。近年来，随着华为、大疆等一批自主创新企业在国际上的崛起，"中国制造"的形象得到了一定程度的提升。

# 知识点 ❸：中国创造：中国制造的未来

如何破解"中国制造"面临的种种问题呢？最好的答案就是：创新。创新可以为企业带来很多"正能量"，比如利润和产品附加值的增加、品牌和企业形象的提升等。变"中国制造"为"中国智造""中国创造"，其实质也就是让企业走出一条自主创新的新道路。

要实现"中国创造"，需要从技术创新和品牌升级两大方面入手，两者之间是相辅相成的关系。

— 技术创新：企业转型的关键 —

技术创新是"中国制造"实现转型的关键。如果"中国制造"的产品仍然是低附加值、低技术含量的劳动密集型工业制成品，将会导致核心竞争力缺乏，在国际市场上容易造成倾销的印象，从而引发国际经济摩擦。长期以低成本、大规模、贴牌生产方式参与国际分工，无法掌握产业升级和竞争力提高的主动权，"中国制造"的命运将掌握在别人的手里，同时制造环节获取的利益也最少。当下的"中国制造"，可以说"危"与"机"并存。坚持技术创新，就能摆脱低价竞争的尴尬，掌握国际市场的主动权，避免由于低价引发的贸易摩擦。而且，货币升值、出口退税率下调、劳动力成本提高、原材料涨价等对中国企业而言也将不会是大问题，"中国制造"也将走上一条可持续发展的"康庄大道"。

"中国创造"
先行者

**拓展阅读**

**北京冬奥会见证中国制造蝶变**

── 品牌升级：实现价值的最好方式 ──

　　自主品牌的升级是"中国制造"实现转型的前提。自主品牌是企业核心竞争力的重要组成部分，也是一种难以复制的软实力。"中国制造"除要拥有具备自主知识产权的核心技术之外，还必须要拥有自主品牌。自主品牌意味着获得更多的市场份额和利润。作为一种重要的无形资产，它也是核心竞争力的主要表现。技术创新必须转化为产品和市场的优势，才能最终实现其价值；如果不能依附于一个强势品牌，技术创新的价值就无法得到最大程度的实现。很多从事贴牌生产的"中国制造"企业，处于制造业的底端，容易遭遇国外的贸易壁垒，销售的主动权也不掌握在自己手中，在国际供应链中的地位极易受影响。所以，只有努力创建自主品牌，"中国制造"才能在日益激烈的国际竞争中立于不败之地，顺利实现转型。

# 第 2 章
# 拓展创新能力

- 2.1 创新型人才是怎样炼成的
- 2.2 如何进行创造性思考

## 2.1 ◇ 创新型人才是怎样炼成的

引导案例

# 90后男孩的"金银时代"

来源：金华职业技术学院，《从金职院毕业3年后，90后男孩拼出自己的"金银时代"》，编者有修改

山东小伙张加帅是金华职业技术学院2016届毕业生，他将自己独立创办的平邑县春润中药材有限公司办得风生水起。公司主营以金银花为代表的各类中药材，截至目前已与加多宝、胡庆余堂等多家国内知名企业建立长期战略合作关系，金银花种植基地拓展至400余亩，总营业额达到1.59亿。他带领团队获得了第六届"互联网+"大赛职教赛道金奖，向我们诠释了90后的敢闯敢拼的创业精神、社会责任与时代担当！

**一心南渡求学，朝夕于斯，收获累累**

"我7岁就跟着父母一起上山采金银花，小时候只觉得金银花好看，长大后才知道我们平邑是中国金银花之乡。"他回忆说道，从那个时候他就暗下决心等到读大学了，一定要选择中药学专业，好好钻研中药材知识，把金银花产业发扬光大！

19岁的张加帅只身一人，穿越近千公里从家乡山东省平邑县来到了浙江省金华求学。尽管在药学专业学习，但攻读中药学专业的决心与初心却始终热忱。第一个学期他十分忙碌，除了要上药学专业的课，为了能够顺利转到中药学专业并且不落后于其他同学，他还时常到中药班旁听专业课程，请教老师和同学，并利用课余时间完成中药学专业的作业。通过一学期不断地努力学习，张加帅如愿转到了中药学专业。除专业知识成绩十分优异外，在校期间的张加帅还担任了副班长、学院纪检部副部长以及杏林中药协会副会长等职务，曾多次被评选为院校两级的"优秀学生干部"。在金职院的短短三年时间里，创业梦想一直萦绕在中药专业知识越发扎实的张加帅心头——打造自己的中药材企业，向国内外市场提供以金银花为代表的高品质中药材。

**一意北归创业，拼搏实干，打造品牌**

2016年，毕业刚满4个月的张加帅创办了平邑县春润中药材有限公司，运用在学校里学到的专业知识，结合互联网技术与平日习得的经营理念，踏上了创业之旅。在做出这一决定之前，他不但婉拒了知名药企抛来的橄榄枝，而且还拒绝了到父亲公司任职的邀请，毅然决然地将双脚迈向了自己的家乡平邑县，用稚嫩的双手干起了自己的中药材事业。

时有所需，必有作为。张加帅创业并不只是单纯的一腔热血，他的踏实肯干与眼光独到为他带来足够底气。市场嗅觉敏锐的他看到，近年来金银花市场的发展势头越来越强劲，素有中药材中"青霉素"之称的金银花以其不可替代的功效拥有着庞大市场。再加上中央、地方政府推出的各类支持中药材种植与发展的政策和平邑县"中国金银花之乡"的名头，坚定了他要将金银花作为事业来开创的决心。

虽然适逢绝佳的发展机遇，但张加帅并没有因此冲昏头脑，他反而更加清晰地看到了父辈因"品种落后、种植与营销方式传统、产业链不全"等问题导致企业发展迟缓，甚至出现倒退的趋势。父亲鬓角的白发和粗糙的双手时刻提醒着张加帅"因循守旧只能走向灭亡"，他开始了大刀阔斧的改革。

奋斗不只是响亮的口号，而是要在做好每一件小事、完成每一项任务中见精神。依靠在学校中掌握的扎实专业知识，张加帅从金银花有效成分含量、亩产量、采摘成本等方面对目前市场上热度较高的四季花、北花一号、大毛花等品种进行了详细比对，最终确定了基地种植药用"北花一号"与收购食用"四季花"的经营方针，让公司通吃药、食两大行业。

纯人工的种植与采摘方式是传统金银花企业遇到的第二个壁垒。"如何让公司实现现代化、智能化的转型？"张加帅开始了不断地探索，通过实地走访多家科技公司、器材厂商，咨询王志安教授、杨晓东教授等多位业内专家，他决定在采摘、加工两个环节中分别引入金银花采摘机、紫外烘干机。在当时的其他经营金银花的企业家眼里，张加帅的这个决定简直无法理解。但恰恰是他的这一举措，使公司金银花品质得到极大提升，同时生产成本降低了近二分之一，实现"提质＋增收"双赢效应。

此外，头脑灵活、善于经营的张加帅通过经营小程序和官网等线上渠道，让公司在2018、2019年分别实现营业额60.34%与115.65%的增长。张加帅深知与大企业取得合作是扩大市场份额的敲门砖。他多措并举使得公司拥有品质过硬的金银花、业界绝佳的口碑和创新的经营模式，这让他在2017年便与胡庆余堂等5家企业达成原药材供货合作协议，2019年又成功与加多宝达成合作。

**一份时代担当，带动脱贫，服务地方**

2020年正值我国脱贫攻坚决战决胜之年。"一个人富了不算富，要带动乡邻们走上致富路。" 张加帅将浙江、山东、广州三地的资源进行整合，通过向农户提供技术咨询与优质种苗，为当地300多户农户提供就业机会。不论严寒酷暑，他都会和村民一起栽植、管护金银花。

从传统种植业模式到现代互联网品牌经营的思维转变，如今张加帅正在面对的，是一场自我颠覆与挑战。张加帅对公司和自己的使命及目标都格外坚定，他用"忍冬"般的精神，为家乡点缀了生命般的绿色，给这片黄色的大地带去了春日的生机与希望，祝愿这位90后男孩谱写出"金银时代"的新篇章。

## 创新型人才成长之路

创新型人才是企业最宝贵的资产之一。但对于在各方面都处于不利地位的初创企业来说,如何打造真正的创新型人才,又如何保证其创新才能得到充分发挥呢?对于创业者来说,这是一个非常重要的课题。

在本节中,我们将对这一问题进行解答。我们必须先明确什么才是创新型人才,了解其主要特征。这对我们选择和培养创新型人才来说是非常有必要的。而在了解了创新型人才之后,我们再来探讨如何从企业管理的角度打造创新型人才的问题。

创新型人才的打造固然重要,但更重要的是营造企业内部的创新氛围,只有这样才能使人才充分发挥其创新能力并推动企业不断开拓进取。

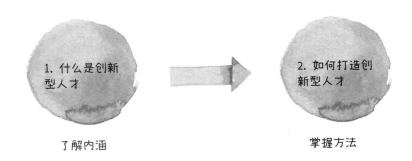

知识链接

# 知识点 ❶：什么是创新型人才

创新型人才，是具有创新精神和创新能力的人才。创新型人才一般在工作和生活中表现出好奇心强、发散性思维强、实践和动手能力强的特点，他们通常精力充沛、有很好的进取心和团队合作精神。下面我们不妨用"放大镜"来观察一下他们。

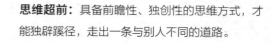
创新型人才的主要特征

**锐意进取：** 创新需要强烈的进取心，安于现状会使创新失去动力，也会使企业陷入不能持续发展的泥沼。

**观察敏锐：** 创新型人才需要敏锐的洞察力，很多创新者正是凭借这种能力发现问题，从而进行创新和改进的。

**眼界开阔：** 创新型人才的知识结构既要有广度，又要有深度。这是信息时代创新的基本要求之一。

**坚韧不拔：** 创新在多数时候是一个不断试错的过程。如果不能坚持下来，就难以到达成功的彼岸。

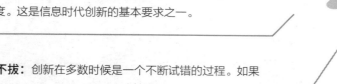

**思维超前：** 具备前瞻性、独创性的思维方式，才能独辟蹊径，走出一条与别人不同的道路。

**勇于实践：** 如果没有勇于实践的精神，创新将成为空中楼阁。创新如果不能付诸实践，将会变得毫无价值。

**善于合作：** 创新是一个复杂的过程，需要多个领域的人才携手。创新的落地同样需要不同部门的合作。

# 知识点 ❷：如何打造创新型人才

创新型人才是每个创业者都想得到的，但并非每个人都能如愿。对于企业来说，打造一个以创新型人才为主、充满创造力的创业团队和初创企业是一个巨大的挑战。可以说，他们的创新能力在某种程度上决定了创业的走向乃至于成败。

那么对于创业者和初创企业来说，应该如何打造创新型人才呢？

## ❀ 什么样的初创企业容易出现创新型人才

1. 给予充分的授权与信任

2. 公开透明的团队氛围

3. 强调工作所带来的使命感与成就感

4. 平等自由地展开竞争

5. 用明确的愿景进行激励

6. 没有权威

7. 充分相信和运用集体智慧

创新型人才并不完全是"招募"来的。企业如果不善于利用创新型人才，不能给予其发挥的空间，那么再好的创新型人才也会失去用武之地。相反，如果企业拥有适宜创新的氛围和制度，那么人的创新潜能便能够得到激发，创新型人才更容易扎根，核心团队和整个企业中也更容易发现创新型人才。

 拓展阅读

90后喜茶创始人聂云宸

## 2.2 ◆ 如何进行创造性思考

引导案例

# 新丝之路，高职学生成丝绸皮草的开创者

来源：番禺区融媒体中心，《番职院学生成功研发"丝绸皮草"，斩获全国"双创"大赛金奖》，编者有修改

经过激烈的角逐，广州番禺职业技术学院(下简称番职院)《新丝之路——丝绸皮草的开创者》项目在艺术设计学院副院长刘科江、创新创业学院副院长吴隽的带领下斩获第七届中国国际"互联网+"大学生创新创业大赛职教赛道金奖。

**别出心裁，为面料带来"绿色"新选择**

近年来，我国皮革产业发展势头迅猛。据2021年发布的《皮革行业"十四五"高质量发展指导意见》显示，2020年，我国规模以上皮革企业销售收入9593.07亿元，生产总量占全世界的60%。轻革、鞋、皮革服装、毛皮服装、箱包产量均居世界首位。

但是，由于全社会环保以及保护动物的意识不断增强，人造皮革生产的高耗能、制造的高污染、产品的低附加值以及面料吸湿性和透气性差等问题，加上动物皮草的残忍血腥、资源的有限性、鞣制的不环保等因素，使中国毛皮行业的发展遇到极大瓶颈。此时，一种新型的皮革产品呼之欲出。

在这样的背景下，《新丝之路——丝绸皮草的开创者》项目通过设计学、材料学、仿生学，以及纺织技术等跨界设计，经过甄选生丝绸材料、优化纱线配比、变革生产流程、精控脱胶加脂、创新数字织造等系列工艺和技术，为中国轻纺行业研发出健康、亲肤、环保、时尚的丝绸皮草新材料，为面料的绿色发展带来新的选择。

**五大亮点，创新思考凝聚多年心血**

一块小小的丝绸皮草，看似与普通皮草无异，但其中蕴含了相当多的高科技和先进的工艺流程。"我们发明的丝绸皮草环保材料，在轻纺皮草行业实属首创。"项目指导老师、番职院艺术设计学院副院长、第一教工党支部书记刘科江表示，针对产业升级对环保皮草材料的新要求，项目团队发明的"丝绸皮草"环保材料，在原材料选择、生产工艺、制作流程上注重环保性、科学性、实用性，将丝绸材料应用于皮草面料的生产，在国内外轻纺皮草行业是首次提出，突破了丝绸只能生产平面面料，不能生产立体面料的技术瓶颈。

其次，团队还创造性使用了"先脱后脂再织"技术，攻克了丝绸皮草织造技术难题。在产品制作时，"我们采用的'数字+'多工艺合成法，使产品品质位于行业前列。"刘科江说，"从原材料的选用，到制作工艺、生产过程、市场成品，全程环保、无毒、无害、无污染，研发的丝绸皮草环保新材料，可广泛应用在服装、箱包、鞋帽、家居、饰品等市场新领域。"

此外，团队还运用了"多学科融合法"，将材料学、化学、设计学以及纺织技术、数字技术、激光技术有机结合，把新技术、新工艺融入丝绸皮草环保材料的研发过程中，仿生织造出绿色、环保、健康的丝绸皮草，得到中国皮革与制鞋研究院、中国皮革协会等的多方认证、认可。

同时，项目依据国家科技创新驱动战略，以"面料供应商—品牌供应链—品牌商"的商业模式，牢牢把握原材料的设计研发源头，解决新材料卡脖子的技术难题，深化丝绸皮草新材料研发力度，促进中国轻纺行业的绿色发展，力求为国家带来更大的社会效益和经济效益。

**共同攻关，跨专业、跨学科团队协作**

项目所取得的成绩，离不开学校全程给予的大力支持以及一支跨专业、跨学科的跨界研究团队。

团队成员来自皮具艺术设计、艺术设计等专业。项目研究过程中，开发环保丝绸仿生皮草，需要皮草材料的专业知识和技能，皮具设计专业的同学具备皮革皮草的专业基础知识，熟悉皮革皮草材料特征和技术要求；艺术设计的同学具备工艺造型的专业技术知识，熟悉各种不同种类的皮草肌理特征和造型技术。大家专业互补、技术互助，以饱满的热情和迎难而上的精神投入到项目的研究中，几乎把所有的课余时间都用在做实验和材料开发上了。为了开发更优质的仿生皮草，团队成员不分寒暑假和双休日，经常加班加点到凌晨，甚至常常通宵。

目前该团队成员有一部分在继续从事面料开发或设计的工作；有一部分在从事面料的应用产品的设计应用工作；还有一部分在校生在继续围绕项目进行深入研究。团队正在进行新一轮的专利申请，并开始与企业签订技术合作协议和保密协议，推动项目转化落地。

## 创新思维——创业者的必备素质

在创业过程中,创业者本人和核心团队成员必须积极拓展自己的创新思维能力,这是一个企业在不断变化的互联网时代生存和发展的保证。那么,我们应该怎样才能培养创新思维呢?

要解决这个问题,首先要了解什么是创新思维,然后对其具体体现和作用作进一步的了解,最后在培养创新思维方面进行探讨。在这一节中,将针对以上这三个方面的内容进行讲解,其重点在于培养创新思维的方法,这也是本节的目标。

创新思维是创新型人才的标志,对于创业者而言,更重要的是观念上的改变。只有尊重创新、重视创新,才能真正让这种思维在企业生根并助推企业成长。

# 知识点 ❶：什么是创新思维

创新思维具有开创意义，是开拓新认知领域、获取新成果的一种思维活动。通俗地说，就是"走别人没有走过的路"，当然，这条"路"不能是一条死路，而应该是一条捷径。从广义上来说，创新思维不仅表现为产出了完整的新发现和新发明，而且还表现为在思考过程中所运用的方法和技巧，在某些局部的结论和见解上具有新奇独到之处的思维活动。也就是说，创新思维不仅表现在结果上，也表现在过程和方法上。

创新思维广泛存在于生产、教育、艺术及科学研究活动等社会各行各业之中。在企业中，具有创新思维的人敢于突破原有的框架，可以想别人所未想、见别人所未见、做别人所未做的事，从而取得创造性、突破性的成就。

## ❀ 运用创新思维能得到什么

| 新的技术发明 | 新的观念和方法 | 新的方案和决策 | 新的理论 |
|---|---|---|---|
| 【例】企业开发出新的智能家居产品和服务 | 【例】传统行业企业运用新的微信和微博营销策略 | 【例】线上营销竞争激烈、利润微薄，企业开发线下市场 | 【例】根据多年管理实践，提出新的人力资源管理理论 |

从上面这些创新思维运用的结果可以看出，创新思维是"厚积薄发"的，需要长期积累并付出艰苦的脑力劳动。一项创新思维成果的取得，往往需要经过较长时间的探索和分析，甚至经历多次的挫折和失败。创新思维的能力也需要长期的积累和训练才能具备。创新思维过程，离不开推理、想象、联想、直觉等思维活动，它是一种需要付出智慧和汗水的思维活动。

# 知识点 ❷：创新思维的体现和作用

创新思维虽然意味着巨大的付出，但同样也意味着巨大的收益。创新思维的重要诀窍在于能够多角度、多侧面、多方向地看待和处理事物、问题和过程。具体表现在以下几个方面。

---

**举一反三**

举一反三是一种多向思维，也叫发散思维、辐射思维或扩散思维。在我们思考问题的时候，不能拘泥于一点，而要从已有的信息中尽可能向多方向扩展，不受已经确定的方式、方法、规则和范围等的约束，并且从这种扩散的思考中求得常规的和非常规的多种设想。

多向思维可以对一个问题产生许多联想，获得各式各样的结论；也可以对一个问题根据客观情况的变化而进行变化；而我们所得到的答案同样可以各不相同。这样的思维方式能让我们得到很多收获。

【例】举一反三给我们带来了很多富有创造力的发明，比如可以骑的母婴自行车，可以拖地的拖鞋等。

---

**他山之石**

当我们在一定的条件下解决不了问题的时候，可以运用侧向思维来产生创新性的突破。我们可以跳出本专业、本行业的框框，摆脱习惯性思维，将其他领域已成熟的、较好的技术方法、原理等直接移植过来加以利用。而另一个方面，因为地域的不同，我们在很多地方会有新的发现，这些发现有可能就会为我们带来很好的启示。比如，在其他国家已经习以为常的产品或服务在中国并不常见，这其中就可能蕴含着很多机会。

【例】不同领域、不同地域之间的比较和差异带来了巨大的商机，比如美国出现的共享经济给中国的创业者带来了很大的启发。

---

**反其道而行之**

反其道而行之是一种逆向思维。任何事物都包括着对立而又统一的两个方面。人们在认识事物的过程中，实际上是同时与其正反两个方面打交道，只不过由于日常生活中人们往往养成一种习惯性思维方式，即只看其中的一方面，而忽视另一方面。如果逆转一下正常的思路，从反面想问题，便能得出一些创新性的设想。懂得这一点，无论对于产品设计还是市场营销，都有非常大的助益。

【例】逆向思维带来的好处往往会很大。比如在大部分手机厂商关注互联网渠道时，OPPO和VIVO却专注线下渠道并获得巨大成功。

# 知识点 ❸：如何培养创新思维

好的思维方法能更好地触发灵感，获得创造性的思想，但它并非是人的天赋所造就的。实践证明，经过反复的训练，并积极摸索出适合自己的思想方法，可以让人形成良好的思维习惯。在这种习惯形成之后，就会大大提高自己的创造力。

## ❋ 培养创新思维的几种方法

**多维思考**
尝试从不同角度、不同位置、不同思维方式等方面去思考，往往会有一些意想不到的发现。

**求同求异**
多作比较，而且要换不同角度进行比较，既要找出他们的相同点，也要找出他们的不同点。

**任意组合和联系**
把大量不相关的东西放在一起，任意组合，胡乱联系，再经过筛选分析，从而启发思维，寻找灵感。

**跳出定势**
多思考自己的思维局限，并把思维带到完全不同的角度或方向，甚至可以天南海北地自由驰骋，突破常规。

**预测未来**
充分发挥想象力，想象未来世界事物的变化，这样可以发现事物的变化趋势，找到突破口。

**分解与综合**
将大问题分解成很多小问题，考察每一个问题，或把不同问题汇总综合来看，可能就能找到解决方法。

# 思维演练

**1. 苹果与五角星**

用一个苹果和一把刀,得到一个五角星形状,应该如何做?

**2. 第二次龟兔赛跑**

第二次龟兔赛跑,兔子并没有偷懒,为什么还是输了?

**3. 别针的用途**

列举你所能想到的别针的用途。

**4. 篮球赛**

在最后一场校内篮球小组赛中,我班球队必须赢 6 分才有可能出线。现在球队领先对手 2 分,我方有球权,比赛还有 6 秒结束。在 6 秒内基本上不可能再得 4 分,作为教练,你还有没有其他办法?

# 第 3 章
# 探索创新机会

- 3.1 哪里是风口：行业的观察分析
- 3.2 抓住消费需求与痛点
- 3.3 进行市场调查与机会评估
- 3.4 新兴产业：商机无限

# 3.1 ◆ 哪里是风口：行业的观察分析

引导案例

# 印萌：用科技+环保重新定义文印行业

来源：根据网络报道汇总整理

当房租、人工成本不断增加，传统文印店会消失吗？2018年起，印萌（佛山青象科技有限公司）开始为传统文印店提供无人自助解决方案，试图通过科技与环保重新定义文印行业，打造文印行业的"天猫小店"。

**耕耘传统文印行业发现行业痛点**

印萌的创始人吴斌曾历时5年深入耕耘传统文印行业，他曾在广东开设了21家高校连锁文印店。但是，在经营过程中，吴斌发现很多行业"痛点"：图文店人力成本较高、人为失误损耗居高、店铺财务不明晰；高峰期打印人流量堵塞，导致用户打印体验差……

彼时，吴斌也相当困惑：问题如此多的传统文印行业会消失吗？这些问题如何解决？他特意前往美国和欧洲调研文印行业，发现当地的打印店依旧存在，只是营收占比及业务形态有所差异。

**打造传统文印行业的"天猫小店"**

坚信传统文印店不会消失，吴斌聚焦于如何解决行业痛点。依托团队两名阿里技术专家，印萌推出了国内首创专门针对传统文印店的无人自助解决方案；通过物联网技术，实现所有文印店的打印机在线化。

秉承"为图文店赋能,让打印更智能",吴斌将这套自助打印方案命名为印萌。这个听起来萌萌的名字对年轻用户的吸引力大,也让印萌迅速占领高校打印市场,并且印萌自助打印系统能够实现文档转换打印99.999%无乱码,也是目前市场上最为稳定的产品。

如何升级成为文印行业的"天猫小店"?对于店家而言,只用一个印萌软件,即可"零成本"升级为无人自助打印店。印萌在提高打印效率、节省打印成本、机器自动化等方面进行优化创新,能够帮助店家节省人力、杜绝损耗、实现财务管理,避免漏打误打、重复打印、打印资料混淆、计费不清等情况。

如果以一家中等规模打印店计算,店家每年可以节省5~10万元人力成本,并完全杜绝纸张损耗。与此同时,用户可以通过印萌实现手机、电脑远程打印,也大大提升了打印体验。

**绑定可持续资源激发环保能量**

印萌创新性地将可持续用纸的标准绑定到印萌自助打印系统中,并以低价向大量打印店出售环保再生纸。同时,印萌在系统设定"先支付后出纸",以消费者的经济意志推动环保用纸、减少浪费,杜绝因操作失误带来的损耗。根据印萌提供的数据:如果按照2000家打印店计算,平均每天可节省纸张50万张,一年可节省1.825亿张纸,共1436吨,相当于少砍伐25848棵五年以上的大树。

环保几乎贯穿印萌的整个打印服务,其通过对环保耗材的使用、环保产品的设计开发、创建回收机制等手段,巧妙将环保理念融入其中,最终形成一个科技、环保与商业相互融合的创新打印模式。

**未来想象空间——用好大数据**

印萌的营收主要来源于企业主广告费用,由于其用户聚焦于高校大学生用户,广告主能够有效实现精准投放和营销,如智联招聘、华图教育等是其重要合作伙伴。未来,印萌将拓展更多合作伙伴,继百度网盘、智联招聘等基础上实现更多种文档的打印,并且继续深入环保方向的探索。同时来自广东职业技术学院的"印萌"项目还获得了第六届中国国际"互联网+"大学生创新创业大赛全国总决赛金奖。

更大的想象空间在于打印大数据。在印萌的构想里,在打印大数据的基础上,有机会为用户提供智能化服务,真正做到"需要打印的随时出现在用户面前":当你等级考试时,推荐打印哪些备考题集;当你出国旅行时,需要打印哪些签证材料……

"利用技术与数据,印萌可以赋能商家,及时获得新一代消费者的洞察。"在吴斌看来,印萌的愿景是成为国内最大的文印平台,用科技与环保的力量重新定义传统文印行业。

## 选对行业，顺风顺水

我们在创业时选择行业，就和航行时选择方向一样。如果我们选对了行业，很可能顺风顺水，搭上行业的便车快速发展。而如果我们选错了行业，那可能会像逆水行舟一样，难以发展壮大。

我们首先要认清楚行业的发展趋势与我们的创业选择之间的关系。一般来说，我们需要选择市场容量大、发展迅速的行业。在厘清这个关系之后，我们就需要掌握一些行业分析的方法，对我们想要选择进入的行业进行认真分析和判别，以获得决策依据。对于创业者而言，需要掌握一定的分析方法，但并不需要非常专业，重点应该放在数据的分析和处理上。

对创业者来说，选择行业的过程也是一个考验其大局观的过程。眼界开阔、着眼长远是创业者必备的素养，我们在选择行业的过程中，需要留意自己是否具备真正的大局观，并在学习和实践的过程中着重培养。

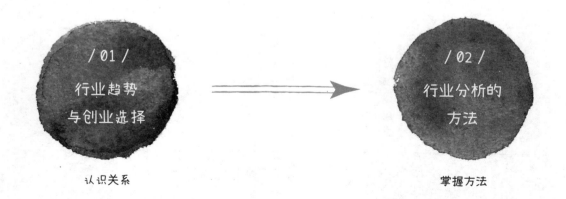

知识链接

# 知识点❶：行业趋势与创业选择

选对行业领域对就业来说无疑是很重要的，它关系到一个人的职业生涯。对于创业来说更是如此。

作为创业者，我们可以通过了解行业的生命周期对其发展趋势有一个概貌性的了解，从而帮助我们做出最有利的选择。行业的生命周期指行业从出现到完全退出社会经济活动所经历的时间。行业的生命发展周期主要包括四个发展阶段：幼稚期、成长期、成熟期、衰退期。我们可以从市场增长率、需求增长率、产品品种、竞争者数量、进入壁垒及退出壁垒、技术变革、用户购买行为等方面对其所处的生命周期作出判断，然后根据我们自身的创业实际（资源、技术、人才等）做出最有利于自己的选择。

### 幼稚期

市场需求不大，大众对产品缺乏认识。

企业的销售收入较低，亏损的可能性较大，市场存在较大风险。

风险投资往往青睐于这一时期的初创企业。

### 成长期

市场需求逐步扩大，产品逐渐被大众认识和接受。

企业销售收入迅速增长，初期可能处于亏损或微利状态，然后利润快速增长。

出于占领市场的目的，这一时期对投资的需求非常强烈。

### 成熟期

产品逐渐成熟，市场也趋于饱和，买方市场出现，行业增长速度降到一个适度水平。

市场竞争趋于垄断或相对垄断，少数大企业分享高额利润，市场风险较低。

对投资的需求不大。

### 衰退期

大量替代产品出现，市场需求逐渐减少。

企业的销售收入不断下降，利润水平停滞不前或下降。

市场风险增加，此时已经不适合投资进入。

# 知识点 ❷：行业分析的方法

行业分析的目的是发现最具投资潜力的行业，其结果是决定公司投资价值的重要因素之一。创业者必须掌握一些行业分析的方法，了解行业本身所处的发展阶段及其在国民经济中的地位，同时对不同的行业进行横向比较，这对于了解企业未来发展潜力以及获取投资有很重要的意义。

进行行业分析，才能更加明确地知道某个行业的发展状况，以及它所处的行业生命周期的位置，并据此作出正确的投资决策。行业分析的内容包含行业发展的现状与格局分析、行业发展趋势分析、行业的市场容量、销售增长率现状及趋势预测、行业的毛利率、净资产收益率现状及发展趋势预测等。

## ❀ 几种常见的行业分析方法

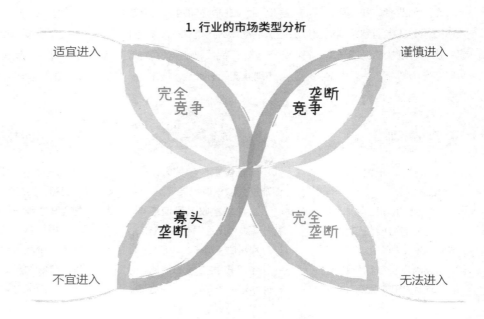

**1. 行业的市场类型分析**

## 2. 行业的市场容量与年平均增长率

市场容量是市场所能容纳的产品或服务总数。创业者需要关心与项目直接相关的市场容量。

年均增长率可以反映一个行业的发展态势，创业者需要据此做出是否有利于创业的判断。

## 3. 行业的经济周期分析

**增长型行业**

行业运动状态与经济周期无关，依靠新技术实现增长，如计算机行业。

**周期型行业**

行业运动状态与经济周期密切相关，如能源相关行业。

**防守型行业**

行业产品需求稳定，不受技术及经济周期影响，如食用盐行业。

**动动手**

试着找出几个你感兴趣的行业，看看这些行业十年来的平均增长率与增长率的变化以及预期的市场容量。

**拓展阅读**

直播带货风口的形成

## 3.2 ◆ 抓住消费需求与痛点

 引导案例

# 在传承中创造新未来

来源：编者整理撰写

上海工商职业技术学院 2016 级计算机应用技术专业学生陈强，于 2019 年创办上海强强联首会展服务有限公司。经过三年的发展，到 2022 年，公司年均利润已接近百万元。

**创业精神的启蒙教育**

幸福都是奋斗出来的，事实上，奋斗本身就是一种幸福。陈强的创业之路，离不开父母的艰苦奋斗、敢闯敢干、专注品质的创业精神熏陶。陈强的父母可以说是上海第一批广告会展业的创业者，他们乘着改革开放市场经济建设的东风，做了半辈子的广告会展活动，见证了城市从最初钢筋水泥的户外高炮广告到现在遍地的 LED 屏幕。

2016 年，陈强初入学校的时候，梦想是做一名教辅机构的老师，能够每个月赚 5000 元左右的工资满足日常生活就行。因此，从大二开始，陈强就在嘉定的一家教育机构兼职英语老师。一次偶然的机会，一名学生家长得知陈强父母可以承接广告活动，就让他临时帮忙搞了一个小型活动。那次活动，陈强赚到了第一桶金 3 万元。

陈强说："那次活动就好像打通了我的任督二脉，让我突然醒悟了，既然我有能力，也有资源，那我为什么不干呢？"陈强将那次赚的钱全部交给了父母，并告诉他们，自己要创业，要和他们做广告活动。为此，他学习了"创新思维与创业教育"课程，并联系了当时创新创业中心的指导老师，提交了创业计划书。经过一系列的考核，最终在 2018 年 9 月成为了工商创业班学生中的一员。

**校内基地孵化，校外创业升级**

在父母和学校的支持下，陈强入驻了校内孵化基地并得到了免费的办公场地，获得了50万元的启动资金，自己可支配的时间也更加充裕。孵化半年后，陈强发现原先的活动规模和客单量所产生的盈利不能满足未来离开校园走向市场的需求。他的创业团队也需要专业的设计师来完善配置，承接更高规格、更加专业的活动。此时，创新创业中心的吴老师给陈强介绍了一批志同道合并具有美术设计功底的同学，并为他们对接了嘉定区农委丰收节活动，自此，陈强的创业团队开始在嘉定地区打响知名度。接下来的半年，通过校内平台的搭建和资源对接，陈强的创业团队初步完善，团队从一开始的3人扩充到了9人，也逐渐从校园走向了市场，能够独立承接大型活动项目。

一年后，陈强在毕业前夕正式成立了上海强强联首会展服务有限公司，让自己的创业计划成功落地。收获毕业证的同时，陈强的公司也实现了稳定的盈利，并将前期所有初始投资的成本回收，开始正式走向市场。

**抓住需求：从商业活动到政府项目**

"刚毕业的那段时间，其实我是以纯商业项目为主，那时候真的太累了，每天都是在商场里从天黑干到天亮。"陈强回忆起刚离开校园的奋斗时光，心里满怀感慨，"但当时(2019年)的机会很好，正好是新中国成立70周年的一个契机，有很多政府项目需要找广告公司进行活动策划。我们团队借着之前丰收节的口碑，慢慢打开了承接政府项目的渠道。"团队开始承接政府项目后，在资金回收、项目质量把控和口碑树立上都有了显著的提升。2019年全年，团队的收益额超过了100万元。

## 抓住痛点，满足需求

市场是创业成功的关键。抓住客户痛点、满足客户需求是对产品和服务开发的基本要求，如果创业者不能准确把握客户的痛点，创业势必难以成功。

我们本节首先要对客户需求有个较为深入的了解，了解其发展历程以及现在客户的需求特点，并把握住满足需求的关键——消除客户的痛点。然后将通过案例对客户的痛点进行分析和了解，领会一款产品或服务是怎样消除客户痛点的。最后学习和掌握把握客户痛点的方法。

抓住客户痛点考验的是创业者敏锐的观察能力和判断能力，我们需要在平时和创业的实践中不断加强自己对市场的观察能力，以更好地把握和满足客户的需求。

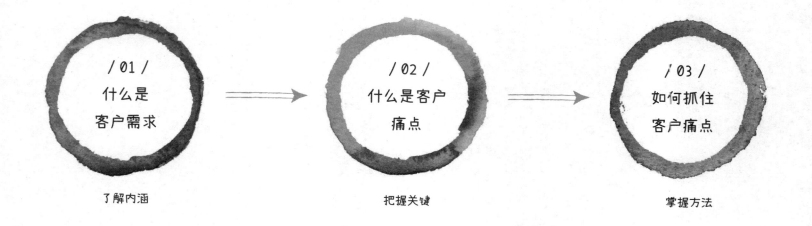

# 知识点❶：什么是客户需求

客户需求是指客户的目标、需要、愿望以及期望。客户需求是促成购买行为最主要的因素之一。客户需求产生的主要因素有自然因素、人的自身经验总结、人际交往活动、经营活动等。

美国心理学家亚伯拉罕·马斯洛认为：人的需求从低到高分为七个层次，即生理需求、安全需求、归属和爱的需求、尊重需求、认知需求、审美需求和自我实现需求。马斯洛的需求层次理论对客户需求有着很好的指导作用，人们在不同的经济时代有着不同层次的需求。

**体验经济时代**
需求层次进一步的升华，客户需要更加个性化、人性化的消费来实现自我，客户的需求也随之上升到了"自我实现"层次。

**商品经济时代**
商品逐渐丰富，客户需求层次提升，商品质量和技术含量更受关注，人们以工业产品作为经济提供品满足生存和安全等需要。

**服务经济时代**
商品经济空前繁荣，客户对服务的需求及服务的品质要求日益增长。客户对社会地位、友情、自尊的追求，使高品质的服务成了满足需求的主要经济提供品。

**产品经济时代**
产品供不应求，人们以农产品作为经济提供品满足生存的需要。

# 知识点 ❷：什么是客户痛点

客户"痛点"，就是客户无法满足其需求的最大阻碍。由于痛点的存在才产生了最真实、最迫切的需求，如何直击痛点，是每一个创业者都应该认真思考的问题。

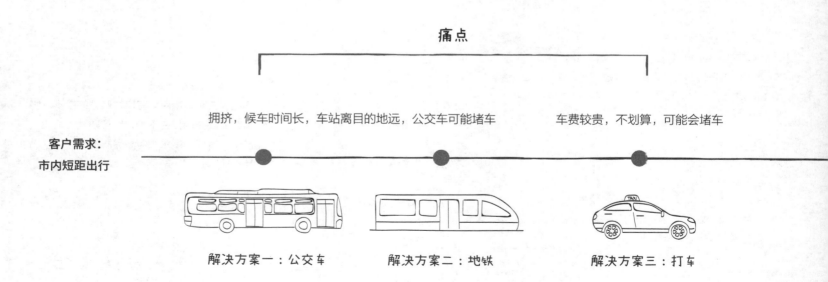

# 第 3 章 / 探索创新机会

> "对客户来说,他并不一定清楚自己有某种需求,但对痛点一般都会有很深刻的感知。共享单车的成功之处并不仅仅在于它解决了痛点,更在于它发掘了真实的需求。只有读懂客户的产品才是好产品,出于对客户的透彻了解,才让共享单车变得风靡。"

**解决**

花费少,直达目的地,没有拥挤、堵车的烦恼,节能环保,锻炼身心

 **思考题**

在共享单车流行之前,政府提供的公共单车其实早已存在。但公共单车为什么没有流行起来?它和共享单车有何不同?

# 知识点 ❸：如何抓住客户痛点

发掘客户痛点，可以从横向（用户行为的过程）以及纵向（影响用户行为的关键因素）两个方向入手。以共享单车和公共单车为例，用户需要获取授权、使用、归还三个行为过程，而影响其行为的因素有效用、可靠性、易用性和价格四个因素。

## ❋ 共享单车和公共单车的痛点分析

性能/效用：这东西能不能达到我想要的效果？
可靠：是否存在风险？是否用起来不稳定？
容易：做出该行为是否很容易、不需要思考？
价格：做出该行为花钱多不多？

| | 获得授权 | | 使用 | | 归还 | |
|---|---|---|---|---|---|---|
| 效用 | ✗ | ✓ | ✓ | ✓ | ✗ | ✓ |
| 可靠性 | ✓ | ✓ | ✓ | ✓ | ✓ | ✓ |
| 易用性 | ✗ | ✓ | ✓ | ✓ | ✗ | ✓ |
| 价格 | ✓ | ✓ | ✓ | ✓ | ✓ | ✓ |

—— 公共单车    —— 共享单车

公共单车的取用和归还都在固定的地点，这一点与公交车或地铁并没有什么不同，因此没有真正解决"最后五百米只能走路"的问题，因此也没有真正解决客户痛点。

## 演练 ❶：价格与需求

客户的需求数量常常随价格变动。下面是小李对其班上同学针对某瓶装矿泉水的产品调查结果。

| 价格 | 5 | 4 | 3 | 2 | 1 |
|---|---|---|---|---|---|
| 需求量 | 1 | 3 | 6 | 15 | 20 |

根据这份调查，请讨论以下问题：

1. 价格对需求的影响如何？你认为这个产品最合适的价格是多少？
2. 是否价格越低需求越大、销售额越高？请认真思考并举例说明。

## 演练 ❷：痛点分析

对比共享单车，讨论和分析共享汽车是否能解决人们的出行痛点，讨论时注意其实施上的难点、面向的客户群体特征（比如，在一线城市和三线城市客户的具体情况有何不同）以及与"租车"这种方式的对比。

# 3.3 ◆ 进行市场调查与机会评估

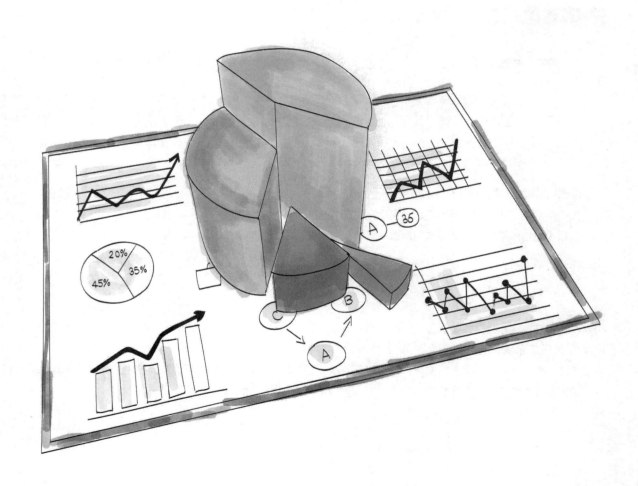

## 传承中变革——让传统手工艺绽放新活力

来源:编者整理撰写

曹风帆来自安徽省界首市,村里的竹编技艺世代相传,竹编产品深受人们喜爱。然而,纯手工制作的难度大,编织技艺的传承也面临困难,年轻人中对竹编制作技艺精通者寥寥无几。曹风帆坚信,在传承中求变革,是让这项编织工艺文化活下去的唯一出路。

2017年,曹风帆来到上海工商职业技术学院的工业机器人专业深造。在其个人努力以及老师的指导下,他的作品"特斯拉音乐喷泉"在2018年6月获得了"挑战杯"彩虹人生上海市个人特等奖。同年12月,他耗时6个月手工制作的一代原型机初步搭建完成,并顺利获得发明专利。他的作品在2019年8月获得了第五届中国"互联网+"创新创业大赛上海市金奖。

曹风帆并没有因为眼前获得的"小成绩"而停下创新的脚步。他想起了家乡的编织竹篮等产品,由于受手工效率较低的限制，编织产品不能形成规模，父老乡亲们增收也有限，也因此，年轻人不得不放弃了这项技艺。他开始调研传统手工艺发展瓶颈和需求，深入了解市场情况。他发现，传统手工艺品虽然具有很高的艺术价值和文化内涵，但往往面临着生产效率低下、品质不稳定等问题，难以满足现代市场的需求。他认为，通过科技手段与传统手工艺的结合，可以有效地解决这些问题，并推动传统手工艺品的现代化发展。

曹风帆在2019年7月开始对第一代机器进行改进优化，研发出了操作更简易、稳定性更好的第二代编织机。同年10月，他针对机械编织特性，创新设计了立体竹编编法，并参加了武汉大学生文创大赛上海市总决赛，与复旦大学，上海交通大学等一流大学的学生同台竞技，获得上海市四强的成绩，并代表上海市参加武汉决赛。随后，他的团队自主设计和制作了第三代编织机，凭借其简易的操作、较低的成本、极低的功耗，实现了竹编产品的半自动化编织，把编织效率提升了数十倍，且精度和品控远超手工编织。同年12月，他历时三年的心血之作——第三代编织机被用于家乡竹编制作的半自动化生产。

在即将毕业之际，曹风帆完成了将自身所学服务于家乡手工技艺传承和发展的最初梦想，但他仍没有停下创新的脚步，学校为他搭建了更高水平的研发平台，他开始着手研发一种新型的手工艺品生产设备。他结合自己在工业机器人领域的专业知识和技能，以及在竹编工艺方面的实践经验，设计出了一种自动化程度高、生产效率高、品质稳定的手工艺品生产机器人设备。这种设备不仅可以大大提高生产效率，降低生产成本，还可以通过精准的控制和检测手段，保证产品的品质和稳定性。

经过多次试验和改进，曹风帆成功研发出了这种新型手工艺品生产设备。他设计完成的第一批3台设备免费给家乡手工艺人们使用，得到了广泛的认可和好评，为传统手工艺品生产注入了新的活力。许多手工艺者纷纷表示，这种设备不仅可以提高生产效率、保证产品的品质和稳定性，更重要的是可以让学习竹编的门槛和经验积累要求大幅降低，并且从业者收益有了明显的提升，村里逐渐有年轻人愿意从事这份传统手艺了。

曹风帆的这项创新成果不仅得到了市场的认可，也得到了社会的广泛关注和赞誉。学校以他的事迹和成果为案例，教育更多学生将传统手工艺与现代科技相结合。他的事迹也激励了更多年轻人投身于科技与传统文化的结合中，为传统文化的传承和发展贡献自己的力量。

## 根据市场判别机会

如何才能知道一个机会是不是真正的机会?

机会是根植于市场的,没有市场基础,就没有可行的创业机会。我们在本节需要先了解什么是市场调查,它的目的、方向和内容,以便更好、更有效地利用好市场调查。然后,需要掌握市场调查的类别和主要方法,这是获取有效信息的重要保证。最后要根据调查的结果对我们的创业机会进行综合判断,了解其是否真正符合市场需求,是否是一个好的创业机会。

创业机会的判别需要创业者树立牢固的市场意识。市场意识是引领创业成功最好的指南针,如果仅有热情而没有这种意识,创业就很可能走弯路。

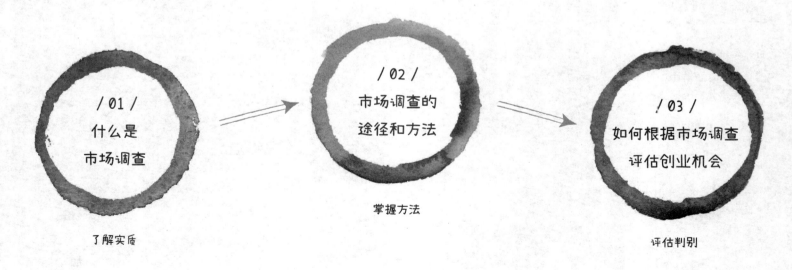

**知识链接**

# 知识点 ❶：什么是市场调查

对创业者来说，很多有价值的信息往往是在平时不经意的时候发现的。作为一个有志于创业的人，在看新闻、去旅游、与人交谈等各种场合，都要做个有心人，时时留意有价值的信息。当然仅仅这样还远远不够，我们只有进行专业化的市场调查，才能对机会和项目有一个清晰的认识，为创业打下良好的基础。

市场调查，是指带有明确目的，运用科学的方法，有计划地系统地搜集、记录、整理有关市场营销的信息和资料，分析市场情况，了解市场的现状及其发展趋势，为市场预测和营销决策提供有效的资料。

## ❀ 创业者应该进行哪些市场调查

创业者需要对创业项目的经营环境进行调查，如经济环境、行业环境、政策法律环境等。了解经济环境可以让创业者选择合理的发展策略，行业环境是进入行业的一次"摸底"。而政策法律环境也是需要重点了解的，了解公司运营的相关法律和国家对于创业活动的扶持政策是非常必要的。

经营环境调查 01

"知己知彼，百战不殆"，了解竞争对手的情况，包括竞争对手的数量与规模、分布与构成、竞争对手的优缺点及营销策略，做到心中有数，才能在激烈的市场竞争中占据有利位置，有的放矢地采取一些竞争策略，做到人无我有，人有我优。另外还需要重点调查了解目前竞争对手的销售渠道、销售环节、广告宣传方式和重点、价格策略等方面。

04 竞争对手调查

市场需求调查 02

创业者可以通过市场需求调查，对产品进行市场定位。比如调查市场对产品或服务的需求量，有无相同或相类似的产品或服务，其市场占有率是多少。另外，对于市场需求趋势的调查也是必要的。了解市场对某种产品或服务项目的长期需求态势，了解该产品和服务项目的需求是处于增加还是萎缩，可以让创业者在进入市场前有一个清晰的认识，进而作出正确的决策。

03 客户情况调查

客户情况调查包括两个方面的内容：一是客户具体需求调查，即客户希望从产品或服务中得到哪方面的满足。二是客户的分类调查。重点了解客户的数量、特点及分布，明确目标客户，掌握他们的详细资料。比如对于企业客户，应了解他们的进货渠道、采购管理模式，购买决策者等。如果客户是消费者个人，那么应了解目标客户的大致年龄范围、性别、消费特点、购买动机、购买心理等。

知识链接

# 知识点 ❷：市场调查的途径与方法

市场调查如何开展呢？我们需要掌握一定的途径和方法。调查可以用多种手段和方式，有目的地对信息进行收集、整理和分析，最终形成完善的市场调查报告。

## 按调查范围分

| 市场普查 | 对市场进行一次性全面调查，这种调查量大、面广、费用高、周期长、难度大，但调查结果全面、真实、可靠。 |

| 抽样调查 | 从调查对象中抽样进行调查，据此推断总体的状况。这是最常见的方式，用于市场需求情况的调查等。 |

| 典型调查 | 从调查对象的总体中挑选一些典型个体进行调查分析，据此推算出总体情况。如竞争对手调查就可采用这种方式。 |

## 按调查方式分

| 访问法 | 事先拟定调查项目，通过面谈、邮件、电话等方式向被调查者询问以获取信息。简单易行，有时不需要很正规。 |

| 观察法 | 亲临购买、服务现场，直接观察和记录客户类别、购买动机、消费方式和习惯、商家价格与服务水平、经营策略等。 |

| 试销法 | 可以通过试营业或产品试销，来了解客户对于产品的反应以及市场需求情况。 |

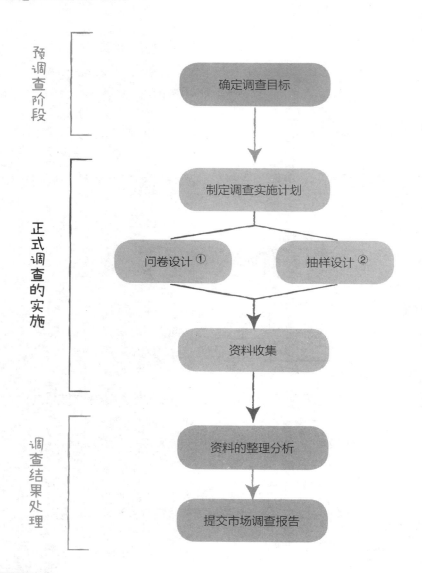

### 抽样问卷调查流程

抽样问卷调查是最常见的市场调查方式之一，可以印刷分发和回收，也可以在互联网上发起调查。

① 调查问卷一般由四部分组成。开头部分为填写说明、问候等；甄别部分为判断选择，筛选出目标调查群体；主体部分是具体的调查问题，需要注意逻辑、条理和客户意愿，设置防御策略防止乱填；背景部分为被调查者的一些背景资料，比如年龄、受教育程度等。

② 抽样首先要确定所要估计的目标数量及抽样单元，比如以个人还是以家庭为单位；其次需要对主要目标的精度提出要求，确定误差率；再次需要选择抽样方案的类型；最后确定样本量，并给出总体目标量的估值。

# 知识点 ❸：如何根据市场调查评估创业机会

在获取市场调查报告之后，创业者对所面临的市场情况有了比较清晰的认识。在这个基础上我们可以对创业项目进行认真的审视，判断其是否是一个真正的好机会。

如何利用市场调查来评估我们的创业机会呢？我们可以从未来企业经营的大环境、市场的具体情况、竞争者状况三个方面来进行评估。

经营环境

创业者首先要了解与经营业务有关的政策法律信息。比如是国家鼓励还是限制的业务、国家和地方管理的措施及手段。另外，国家和地方的扶持政策也需要多加了解，这也是可以借用的有利因素。

其次，项目所属行业的发展状况、发展趋势、行业规则及行业管理措施也是重要的考量点。

最后，宏观经济状况直接影响客户的购买力，也需要作为一个重要的考量。掌握"大"气候的信息，是做好"小"生意的重要参考。经济景气宜采取积极进取型经营方针，经济不景气也有挣钱的行业，也孕育着潜在的市场机遇，关键在个人的把握和判断。

市场是判定机会最重要的依据之一。市场是否饱和，客户需求是否被有效满足等都是判断机会是否存在的重要依据。

我们还必须对市场是否饱和以及市场的成长性有一个清晰的认识。一般来说，成长性越好、市场离饱和状态越远，进入的时机越好。市场在接近饱和的状态下，增长速度会大幅放缓，这时候市场一般竞争激烈而且利润不高，这个时候进入不是一个好的选择。

客户的情况直接决定了未来产品或服务是否受欢迎，能否快速扩大市场份额等。如果调查显示客户对产品或服务不感兴趣，就需要寻找原因并重新考量机会。

市场情况

在市场经济条件下，很难做到一花独放。即使在刚开始经营时没有真正的竞争对手，比如在某个城区开第一家私房菜馆，可一旦生意兴旺，马上就会有很多人学习你的业务模式，加入竞争的行列，成为你的竞争对手。

我们需要了解竞争对手的销售渠道、销售环节、最短进货距离和最小批发环节、广告宣传方式和重点、价格策略等，然后对比自身情况，看看自己的优势和劣势在哪些地方。如果很多方面都难以竞争，那么这样的机会就不是一个好的机会。我们也可以观察对手的营销策略和促销手段是否有效，这对我们未来的经营是一个很好的参考。

竞争状况

## 演练 ❶：网络调查问卷分析

1. 老师课前在网络上寻找知名市场调查公司进行调查问卷（以 20～30 题为宜），并将其截屏保存。
2. 演示调查问卷，并引导学生完成问卷调查。
3. 讨论分析调查问卷设计的目的、效果以及防御策略（比如，如何防止被调查者乱填）。
4. 对讨论和分析结果进行总结。

## 演练 ❷：设计问卷

1. 老师设定一个市场问卷调查目标（比如，对于某一类新产品定价的调查）。
2. 学生独立完成 15 道题左右的调查问卷，其中必须包含防御策略。
3. 学生上传到网络调查网站。
4. 课后跟踪调查结果并作出简要报告。

# 3.4 ◆ 新兴产业：商机无限

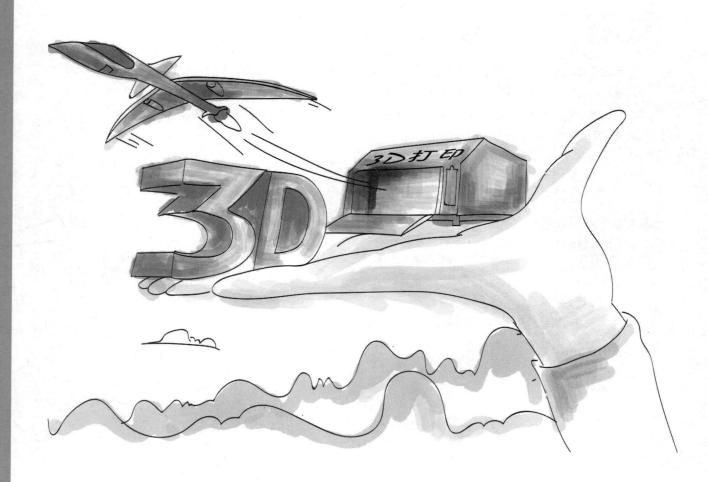

# 打造黑山羊立体生态圈，帮助山区农民脱贫致富

来源：腾讯新闻，编者有修改

尹健臣，云南楚雄人，第六届中国国际"互联网+"大学生创新创业大赛职教赛道金奖获得者，双柏建垠生物科技有限公司创始人，现任双柏健臣食用菌有限公司总经理，双柏县香菌种植协会会长，云南祥鸿农牧业有限公司副总经理，云南省畜牧兽医科学院"云上黑山羊"新品种项目培育工作参与者。

**科技赋能新农业发展**

尹健臣从小跟随父亲到各山区了解当地农户的发展现状及学习相关养殖知识，在学习过程中，他发现单一品种的养殖推广模式存在发展慢、效率低、抵御市场突变的能力较弱等关键问题，随后他深入实践，发现云南山地众多，并不是所有地区都适合养牛，2016年，他提出"优质种羊"计划，并参与云南省畜牧兽医科学院优质黑山羊新品种项目的品种培育。

云上黑山羊是云南省畜牧兽医科学院通过比对全球各地不同山羊种群的基因，经过22年5个世代的研究，培育出的中国第一个肉用黑山羊新品种，该品种于2019年通过国家畜禽遗传资源委员会审定。

"云南本地黑山羊在长期的自然选择过程中形成了生长周期长、个体小、产羔率低、屠宰率低等几大缺陷，而我们的云上黑山羊采取多品种杂交融合技术，解决了多种基因聚合的难题，有效提升了生长速度和产羔率，降低了死亡率，同时还能让农民将养一头羊的收益提升到300%，这就是我们云上黑山羊的优势。"采访中，尹健臣自信地说，目前公司已经拥有16项专利技术。

据介绍，通过采取全基因组关联分析技术，云上黑山羊不仅解决了精准育种的难题，有效提升了育种效率，降低了育种成本，还同时通过采取超数排卵和胚胎移植技术，解决了优秀基因快速扩散和优秀个体快速增加的难题，有效提升了育种群体的生产水平。目前，这两项技术在全球处于先进水平。

**只为帮农民做好一件事**

云上黑山羊是以本地云岭黑山羊为母本、埃及努比亚黑山羊为父本，通过人工培育技术成功培育出的新品种。云上黑山羊这一新品种的成功培育不仅仅是科技创新的重要一步，更是扶贫工作的重要里程碑。

双柏县草山广阔，饲草饲料资源丰富，大多数农户都有养羊的传统，但由于没有系统化、规范化的养羊，很多农民的效益并不明显。

作为云南经济管理学院的一名学生，同时也作为大学生创新创业中一员，如何响应国家号召，真正地把个人的理想信念融入伟大的中国梦中，以自己的实际行动和实际成果真正地为家乡人民作出自己的贡献，实现个人的人生价值呢？尹健臣的回答很肯定，必须通过创业带动就业，通过创业助力乡村振兴。

为了解决农村家庭收入单一、农产品附加值低的根本问题以及种源企业存在的跨界资源整合、推广难等行业难题，尹健臣想尽了各种办法。他将贫困户们以工人身份招聘到自己的公司，亲自参与云上黑山羊的养殖，慢慢地，老百姓对云上黑山羊的养殖有了信心，越来越多的农户加入到了养殖云上黑山羊的行列中。为了降低死亡率，科学养殖，公司每年都将定期或不定期地组织三次以上的科学化、标准化的养殖培训。

2020年，尹健臣成立了双柏建垠生物科技有限公司，在黑山羊种源的节点上，创立立体农业生态圈帮助农民实现增收。他致力于把"云上黑山羊"、种牛、小香菌、中药材相结合，形成一个立体的生态圈，整合资源，向社会、农户推广优质的种源产品，为农民开拓消费市场，让农民放心养、大胆养，解决了农民的后顾之忧，使农民通过不同渠道创收增收！

**优质农业带领共同富裕**

"祥鸿农牧来后,给我们村民打开了一扇脱贫门,留守在家的老人、妇女通过到公司打工和从事养殖云上黑山羊,顺利实现了脱贫。"楚雄州双柏县妥甸镇罗少村的建档立卡户段东平就是其中的一位受益者。

双柏县是国家重点扶持的贫困县,2000年被列为国家扶贫开发工作重点县,全县五镇三乡农业人口138460人,其中贫困人口有52075人,占农业人口的37.6%,贫困面大,贫困程度深,扶贫开发任务艰巨。尹健臣本着"自己富不是富,要富大家富"的理念,积极投入到脱贫攻坚的事业中。

项目自启动以来,带动周边农民1400人次就业,380余户养殖云上黑山羊,户均增收突破35000元,合作社带动周边1000多户农民种植全株玉米,研磨青贮饲料。

尹健臣认为:"一个企业真正意义上的成功并不仅仅是从技术、业绩、规模等方面去评价,更重要的是,是否真正意义上地在为农民做实事,带动更多的贫困农民脱贫,真真切切地走进农民",这也是他的初衷。

从发现云南养殖羊的优势,到攻克多个养殖难关,再到现在带领团队15人,他将继续坚持父亲的初心和使命,传承匠心精神,不断开拓创新。目前,在云南经济管理学院相关创业政策的帮扶下,尹健臣正在与国内一流电商和知名超市接洽,他坚信,云上黑山羊定能走出云南,走向世界,黑山羊养殖产业定能帮助云南农民脱贫致富。

"未来,我们将从事更多优质种源的保护、传承与开发,完善立体农业生态圈,帮助更多的农村地区解决传统农业生产方式存在的收入单一,附加值低等问题……"让云上黑山羊真正走出云南,让养羊农民走上致富路。

## 新兴产业,创业捷径

新兴产业是科技发展的产物,既是国家大力扶持的领域,同时也具有广阔的应用前景。因此,在新兴产业中创业不失为一条创业"捷径"。

本节我们首先要了解什么是新兴产业。我国重点扶持的新兴产业有七大领域、二十多个方向,这是我们关注的重点。其次我们需要了解如何寻找新兴产业中的商机,我们可以从新兴产业的产业链以及新兴产业的应用两个方向进行寻找。

需要指出的是,新兴产业创业虽然前景较好,但一定要从自身实际出发,不能冲动行事。创业是一条既需要热情也需要耐心和冷静的事业,只有从自身实际出发,牢牢把握自身优势,才能最终成功。

知识链接

# 知识点❶：什么是新兴产业

随着新的科研成果和新兴技术的发明和应用，出现了新的部门和行业——新兴产业。当代新兴产业主要是指随着电子、信息、生物、新材料、新能源、海洋、空间等新技术的发展而产生和发展起来的一系列新兴产业部门。

依据国家战略性新兴产业规划及中央和地方的配套支持政策，我国确定了七大领域、23个重点方向的新兴战略产业框架。这"七大领域"包括"节能环保、新兴信息产业、生物产业、新能源、新能源汽车、高端装备制造业和新材料"。

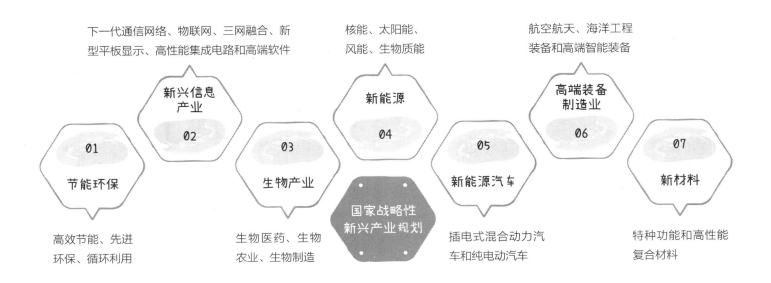

# 知识点 ❷：新兴产业中的商机

不少新兴产业既有巨大的市场潜力，同时也是国家大力扶持的产业，在这两项利好的辅助下，新兴产业势必成为最有利于寻求创业机会的领域。

那么，对我们来说，怎样从新兴产业中寻找合适的商机呢？

## ✾ 商机发现途径之一：从新兴产业的产业链及相关领域中寻找创业机会

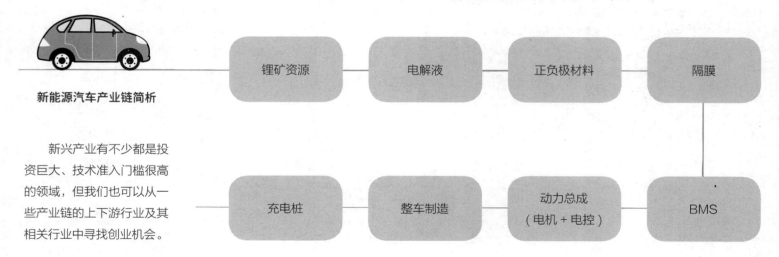

**新能源汽车产业链简析**

新兴产业有不少都是投资巨大、技术准入门槛很高的领域，但我们也可以从一些产业链的上下游行业及其相关行业中寻找创业机会。

❋ 商机发现途径之二：从新兴产业与传统产业结合的领域寻找创业机会

　　新兴产业最终会用于各类领域中，因此在传统行业应用新兴产业的领域里寻找创业机会是一个很好的办法。比如本章第三节引导案例中的"竹编技艺＋编织机"就是一个非常好的例子。

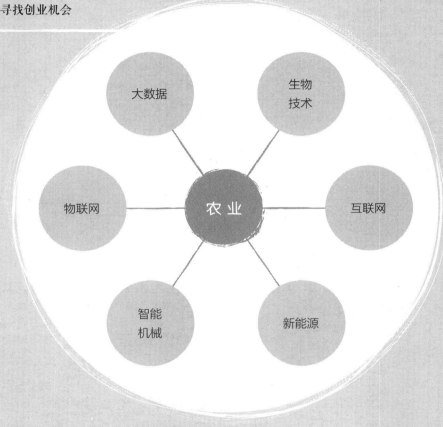

 **拓展阅读**

揭开元宇宙的面纱

# 第 4 章 构建商业模式

- 4.1 什么是商业模式
- 4.2 商业模式的九个要素
- 4.3 如何构建成功的商业模式

## 4.1 ◇ 什么是商业模式

引导案例

# 布拖金凤凰：迈向乡村振兴新征程！

来源：搜狐网相关新闻报道，编者有修改

布拖县曾是四川凉州深度贫困县，贫困发生率一度在40%以上。为助力布拖县尽快脱贫，第六届"互联网+"大学生创新创业大赛"红旅"赛道金奖"布拖金凤凰"项目团队通过布拖苦荞研发提高苦荞产量及附加值，通过网络销售渠道搭建解决苦荞销售端问题，累计签约布拖县5个贫困村，使每亩苦荞增产近30%，帮助436户贫困户平均每年增收2100元，帮助企业年销量增长410万元，带动1852人直接就业，并以农户自主直播、企业招募农户等方式，间接带动更多人就业，最终助力布拖县打赢脱贫攻坚战，迈向乡村振兴新征程！

**致力苦荞研发与推广，双管齐下助力脱贫致富**

苦荞是布拖县最重要的特产之一，也是布拖百姓最重要的经济来源之一。但苦荞传统种植方式产量低，同时面临销售渠道有限、经济效益低下的难题，团队的一名创始人便时常因为家里苦荞收益不好而苦恼。

于是，"布拖金凤凰"团队双管齐下助力布拖县尽快脱贫，一方面致力于布拖苦荞价值全面开发，通过布拖苦荞产品研发提高苦荞产量及附加值，另一方面采取新兴直播带货模式，打造扶贫助农网络IP，通过网络销售渠道搭建解决苦荞销售端问题，致力于"让苦荞插上翅膀，成为布拖脱贫致富的金凤凰"！

**提升苦荞产量及品类，推动农户增收及就业**

在苦荞产品研发方面，团队选育优质苦荞品种，开展田间管理培训，使每亩苦荞增产近30%。项目负责人庞敏说，"苦荞茶营养主要在麸皮，传统脱壳技术会破坏麸皮层，而我们经过原料处理后，可以将麸皮层保留下来，使麸皮层成为苦荞茶的一部分。"

与此同时，目前市场上苦荞茶产品比较单一，于是，团队对苦荞茶系列产品进行了深入研发。"传统苦荞茶口感单一，我们添加了一定量的玫瑰、茉莉等，推出了玫瑰茶、茉莉茶等全新品类，对口感进行了新的开发。"庞敏称，"尤其是我们推出的苦荞奶茶十分受年轻人喜爱。当前奶茶正受年轻人追捧，但奶茶的高糖、高热量给大家带来了一定负担。而苦荞奶茶是用苦荞汤汁作为底料，再加入牛奶研制而成的，没有那么高的糖和脂肪含量，是一款轻脂饮料，因此受到大家热捧。"

此外，团队还在线下打造了苦荞体验馆，同时推出了苦荞面包、苦荞饼干等一系列苦荞产品，受到了大众的广泛欢迎。

在苦荞产品推广方面，团队采取新兴直播带货模式，搭建网络销售渠道，与网络大V连线引流，同时号召全校师生参与直播，共同打造扶贫助农网络IP。

团队已累计签约5个贫困村，帮助436户贫困户平均每年增收2100元，带动1852人直接就业。团队还与当地企业西昌市邛池茶叶有限责任公司进行合作，共同研发、推广苦荞系列产品，帮助企业年销量增加410万元。此外，团队还教农户在家直播，联合企业招募农户进行苦荞加工、苦荞运输，从而带动了更多就业，也促进了当地旅游发展和文化传承。

**感谢各界暖心帮助，期待更多人才、企业、政府支持**

创业从不是一帆风顺的，团队在创业初期便遇到了信任难题。"苦荞新品种推广比较难，很多农户并不信任我们。农户认为，种植苦荞只需直接播撒、任其生长即可。而我们推出了选种、育种、育苗、培养等全流程种植体系，农户担心这样没有效用，反而浪费了时间。"庞敏介绍道，"于是，我们开始由点及面对农户进行推广，渐渐用我们的成效取得了农户的信任与支持。"

在创业过程中，学校为团队提供了很多帮助。"学校为我们提供了资金、场地、宣传等方面的大力支持，我们十分感激。"庞敏讲道，"我们通过申请创业项目，获得了学校的资金补助。学校为我们免费提供了实验室，供我们研发产品，同时，创新创业学院创立了孵化园，搭建了企业入驻平台，为我们提供了办公场地。此外，学校还帮助团队进行宣传推广，对我们直播给予了大力支持。我们通过学校平台招募学生主播，进行公益直播，共同助力布拖脱贫致富，实现乡村振兴。" "老师也一直在大力支持我们，陪伴我们一路前行。"庞敏称，"老师一直在指导我们进行产品研发，与我们一起考察市场，一起向农户推广，并在项目运营、公司发展等方面提供了非常多的建议。"

如今，团队已于2020年7月创建成都荞好啦食品科技有限公司，有核心骨干5人，同时拥有学校数百名志愿者共同参与直播，形成了"人人当主播，携手推进乡村振兴"的浓厚氛围。未来，公司将巩固拓展脱贫攻坚成果，扎实推进乡村振兴；招募更多人才，推动产品研发与直播带货；与更多公司、代加工厂合作，拓宽苦荞销路，打造自身品牌IP；以布施为点，拓展周边县，继续开展公益帮扶，改善当地人们生活，防止返贫；也期待得到更多政府支持，帮助扩大苦荞种植面积，助力苦荞产品推广。

## 商业模式,创业之本

商业模式是现在很多创业者挂在嘴边的"时髦"词汇,但其实真正了解其内涵并能付诸实践的并不多。对创业者而言,商业模式是企业立足的根本,没有成功的商业模式,就不可能成功创业。商业模式是一个很复杂的体系,包含的内容很多,需要通盘考虑、认真理解。

我们首先需要清楚什么是商业模式,对商业模式有一个简明的认识。然后我们需要进一步了解商业模式的可视化工具——商业模式画布,初步认识商业模式画布的九大构造模块。这些都会为下一小节中对商业模式九大构造模块的详细解析打下基础。

商业模式是一种非常实用也非常有效的分析工具。对于创业者而言,需要从总体上进行把握,并逐步体会各个构造模块之间的关联。只有这样,才能对商业模式有一个比较深入的了解并付诸实践。

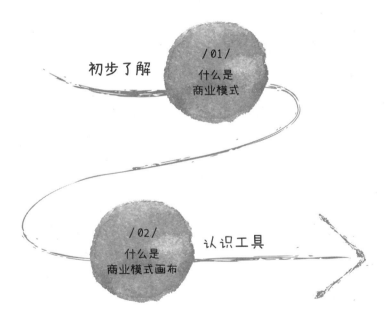

# 知识点❶：什么是商业模式

尽管"商业模式"这个词早在20世纪50年代就出现了，但直到20世纪90年代才开始被广泛使用和传播。而现在，商业模式已经成为了创业领域的一个"热词"，所有关注创业的人都津津乐道于"商业模式"。很多人都说，有了一个好的商业模式，就等于成功了一半。那么，商业模式到底是什么呢？

简单来说，商业模式就是一个企业通过什么途径或方式来赚钱。比如说，早餐店通过卖早餐来赚钱，快递公司通过收发快递来赚钱，网站通过点击率来赚钱，通信公司通过话费和流量费来赚钱等。但需要注意的是，这个赚钱的方式其实包含了一套复杂的机制。以两家早餐店为例，如果一家专门做互联网外卖，而另一家以堂食（店内消费）为主外卖为辅，这就决定了他们的成本结构、销售渠道等各方面的不同，也就是说，他们赚钱的方式——商业模式是不同的。

## 商业模式的定义

"商业模式"这个词的"诞生"已经超过了半个世纪,而且现在出现的频率也很高,然而关于它的定义仍然没有一个权威的版本。其实我们仔细推究就能发现,下面这些定义虽然说法不同,但其实质大体上都是一样的。

**定义一:概念性工具**

商业模式是一种包含了一系列要素及其关系的概念性工具,用以阐明某个特定实体的商业逻辑。它描述了公司所能为客户提供的价值以及公司的内部结构、合作伙伴网络和关系资本等借以实现(创造、推销和交付)这一价值并产生可持续盈利收入的要素。

**定义二:整体解决方案**

为实现客户价值最大化,把能使企业运行的内外各要素整合起来,形成一个完整的高效率的具有独特核心竞争力的运行系统,并通过最优实现形式满足客户需求、实现客户价值,同时使系统达成持续盈利目标的整体解决方案。

**定义三:企业价值原理**

商业模式描述了企业如何创造价值、传递价值和获取价值的基本原理。

知识链接

# 知识点 2：什么是商业模式画布

如果要直观地了解一件事情，最好的办法莫过于把它画出来。"商业模式画布"正是这样一种可视化工具，能把商业模式直观地展现出来。

从商业模式画布图中可以看到，商业模式有九大要素，分别是：客户细分、价值主张、渠道通路、客户关系、收入来源、核心资源、关键业务、重要合作、成本结构。这九大要素是联系紧密的整体，不可以割裂开来看。比如，某个价值主张必然是根据某个特定的客户细分而提出来的，不同的客户细分不仅决定了价值主张的不同，同时也决定了客户关系和渠道通路的不同。我们在学习的时候需要认真揣摩各个要素之间的关联，只有这样才能真正读懂商业模式。

 拓展阅读

**2000 年前的商业模式创新**

第 4 章 / 构建商业模式

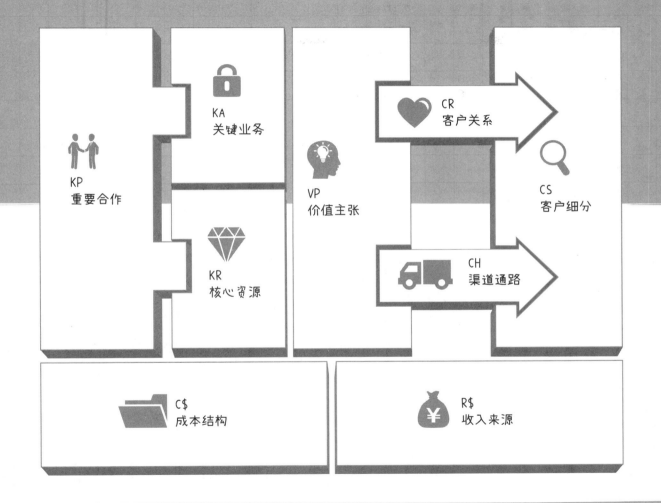

## 4.2 ◆ 商业模式的九个要素

引导案例

# 乡村振兴正当时，踔厉奋发追梦人

来源：河北科技工程职业技术大学，《资环学子创新研发 助力美丽乡村建设》，编者有修改

坑塘长绿植，坑塘能养鱼，光秃秃的街道种上了花草，变得越来越漂亮了。这些都是巨鹿县小吕寨镇油房村如今的村景。村中街道上和坑塘中美丽的绿植，可不仅是表面看上去那么简单，其中隐藏着"大秘密"。

2019年，河北科技工程职业技术大学（以下简称"科工大"）资源与环境工程系的一群年轻大学生来到油房村，在老师的带领下，两年多的时间里，他们往返于村落和实验室之间，终于创新研制出了"庭院式污水处理系统"，这就是让村子变美变好的"秘密武器"。

**成功之因，模式清晰**

"净水益农"项目的"庭院式污水处理系统"成功之处在于同许多公益性扶农项目不同，其有着非常清晰明确的商业模式和价值。目标客户明确，市场空间广阔，产品提供的价值直观且易被接受，附加社会效应明显，最重要的是项目完全自我造血——项目评审老师们对其价值和未来发展都给予了极高的肯定。

村民刘大妈家的厨房和浴室接上了污水管，生活污水通过管网，统一集中汇聚于埋在地下的"庭院式污水处理系统"。"如今的油房村，生活污水有地方去了，村里的环境也好了，出门绿树红花，道路干净整洁。"村民刘大妈自豪地说。

像刘大妈家这样的农家小院，在油房村比比皆是。村里每三到五户都安装了"庭院式污水处理系统"，覆盖率达到了80%。每台设备日处理污水可达1.2立方米，整个村里日处理污水可达30立方米，污水处理率大于97%，出水水质完全达标，解决了油房村全村的生活用水治理问题，彻底改变了整个村的村容村貌。

而藏在地下的"庭院式污水处理系统"由电解池、厌氧池、生物滤池一体化设备和人工湿地、浮岛组成，该设施将污水通过管网收集后排入庭院式污水处理系统进行处理，处理后的水通过溢流管流入人工浮岛系统（坑塘四周种植芦苇，水面设置人工浮岛和表面曝气）进行深度处理。同时配套的太阳能发电的余量减少了用户电费支出，让村民不为自费部分而犹豫。

更让村民没有想到的是，环境问题的改善，也给他们带来了从未想过的创收机会。人工浮岛使坑塘中水质变好了，村民们在坑塘中养鱼，增加了他们的经济收入。

"这帮孩子经常来我们村，真是帮助我们解决了大问题啊。"油房村的村民提到科工大的孩子们，都是赞不绝口，"现在我们村的坑塘和光秃的街道都变成了美丽的风景，不仅村子漂亮了，生活污水也得到了有效处理。"

**八项专利，国赛银奖**

20岁的张齐星是邯郸人，是河北科技工程职业技术大学资源与环境工程系大二的一名学生，也是"庭院式污水处理系统"项目学生团队的负责人。

目前，该团队的核心成员都来自外地市，除环境规划与管理专业的张齐星外，还有环境工程专业的杜晓磊、龙纪州以及应用化工技术专业的王晓萌、孙书增和于跃。团队指导老师有农村人居环境整治的专家，河北省环保优秀个人。同时，团队还聘请了来自政府、企业的等多名顾问专家，为项目不同方向指点迷津。

今年8月，该团队将这个项目带上了中国国际"互联网+"大学生创新创业大赛河北省决赛的赛场，取名为"净水益农"，并斩获省赛金奖和国赛银奖，吸引了大批专家评委的目光。他们的创新设计"连户分散式地埋污水处理系统"首次实现了农村生活污水净化和环境美化两大功能，获得8项成果专利，并在第22届中国环博会上展出。

"我们第一次把电解工艺运用到了农村污水处理中，整套处理工艺在全国是比较先进的。加上我们自主改良的脱氮除磷剂，能有效去除水体中的氮磷，分解转化水体中的有机物，以达到净化水质，改善农村环境的目的。"张齐星向记者解释道，"这套设备运行成本低，无动力消耗（曝气装置采用太阳能），管理方便、不需要专人看管，建设费用也低，工艺合理、无噪声、无异味。"

**攻坚克难，净水益农**

"我们在一起历经了无数不眠之夜，走村串巷收集数据，在实验室反复试验，在老师的帮助下，根据油房村特点，最终采用'庭院式污水处理+人工浮岛'的生活污水处理工艺，高标准地建设了污水处理设施。"该团队成员张齐星想起那段一起攻坚克难的日子，感觉虽有汗水、泪水，但更多的是成功后的喜悦。

该装置最终于2019年在巨鹿县油房村正式落地，随后，又根据不同村子的情况，进行了更新迭代。目前，该系统的应用范围以巨鹿为试点辐射到周边区域，已完成4县46个村5000余户的建设，解决了农村生活污水处理面积大、污染源分散、治理效率低的痛点问题，并大大减少了处理成本，实现了农村生活污水的资源化和生态化，居住环境得到改善。

"该系统由太阳能进行供电，这种清洁能源供电的方式有效降低了碳排放，我们在设备的上方种植了绿植，不仅可以处理生活中的污水，也有助于美化周边环境。"张齐星说，"未来，我们打算逐步向京津冀地区推广，并逐步走向全国，实现千村示范，万村整治，我们'净水益农'团队将扎根乡村振兴的战场，打造宜居环境，建设美丽乡村。"

## 商业模式画布详解

商业模式画布是当今最好的商业模式分析工具，也是创业者必须要学习和了解的管理工具之一。这项工具对于指导创业有非常大的益处。

商业模式画布分为价值主张、客户细分、客户关系、渠道通路、收入来源、重要合作、关键业务、核心资源、成本结构九个构造模块，每一个模块都有其内在含义。在本小节中我们将对这九个构造模块逐一进行讲述，采用问题的形式加深理解和认识。

需要明确的是，这九大构造模块都不是孤立存在的，而是与其他模块紧密相关。我们不能机械地拼凑商业模式，而应该有机地把它们联系在一起。只有理解了它们之间的关联，才能真正理解商业模式的运作。

# 知识点 ❶：价值主张

价值主张，就是给特定客户细分群体提供能够满足他们需求或者解决其问题的产品或服务。价值主张是赢得顾客的核心要素，在商业模式中处于中心地位。

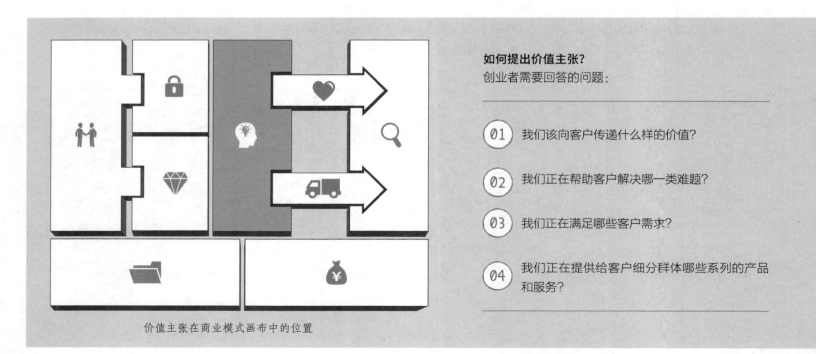

价值主张在商业模式画布中的位置

**如何提出价值主张？**
创业者需要回答的问题：

01 我们该向客户传递什么样的价值？

02 我们正在帮助客户解决哪一类难题？

03 我们正在满足哪些客户需求？

04 我们正在提供给客户细分群体哪些系列的产品和服务？

## ❈ 什么样的价值是客户所需求的 / 价值是如何产生的

| | |
|---|---|
| **经济性价值** | 主要包括功能、价格、质量和性价比等方面。在满足客户基本需求的基础上,客户通常寻求高质量的产品或服务,并且其价格应与其价值相匹配,他们希望以合理的价格获得最大的价值,这意味着产品或服务应该在价格和性能之间取得良好的平衡。 |
| **情感性价值** | 主要包括品牌形象、产品设计和客户体验等方面。良好的品牌形象可以带来信任感;优秀的产品或服务设计等能带来良好的用户体验;完善的售后服务体系可以提供安心保障,产品或服务能够与客户的情感产生共鸣时,客户往往更愿意为其付费。 |
| **创新性价值** | 主要包括产品或服务的新颖性和独特性。客户往往对那些能提供新颖功能、设计或解决方案的产品或服务感兴趣。创新不仅能吸引客户的注意力,还能帮助他们在某些方面获得竞争优势或提高效率。 |
| **个性化价值** | 主要包括提供定制化或个性化的产品或服务。现代客户越来越注重个性化的需求。他们希望产品或服务能够根据他们的特定需求和偏好进行定制,从而提供更加个性化的体验。 |
| **社会性价值** | 主要包括为客户提供社交属性或帮助客户在社会中建立和维护关系。例如,一些奢侈品或高端品牌的产品可以成为客户社会地位和身份的象征;有越来越多的客户开始关注产品的可持续性和环保特性。 |

知识链接

# 知识点 ❷：客户细分

客户细分是描述企业或机构想要接触和服务的不同群体或者组织。客户细分的依据有很多，比如性别、年龄、地域、收入层次等，这些依据可以是单一的，也可是以组合的，比如"20~30岁的女性"。

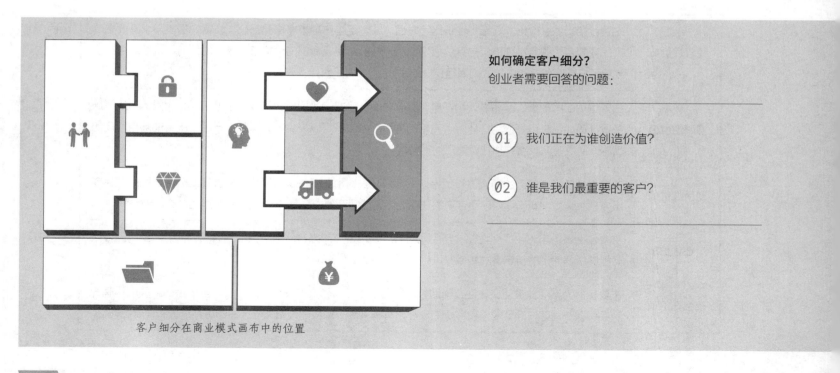

客户细分在商业模式画布中的位置

## ❋ 不同市场类型中客户细分的依据

| 大众市场 | 在这个市场中，价值主张、渠道通路和客户关系全部聚焦在一个大范围的客户群中，其需求和需要解决的问题大致相同，一般集中在消费类电子行业中。 |
|---|---|
| 利基市场 | 以迎合特定客户细分群体为目标，价值主张、渠道通路和客户关系转为特定需求定制，此商业模式常见于"供应商—采购商"的关系中。 |
| 区隔化市场 | 不同的客户需求及困扰问题在细分市场上有所差别，比如银行及服务机构区分设置的 VIP 服务和普通客户服务。 |
| 多元化市场 | 具有多元化客户商业模式的企业可以服务于两个不同需求和困扰问题的客户细分群体，比如亚马逊公司的在线存储空间业务和按需服务器使用业务。 |
| 多边平台或多边市场 | 有些企业为两个或更多的相互依存的客户细分群体提供服务，比如信用卡公司为信用卡持有者服务，也为受理信用卡的商家提供服务，同时也需要广告商为其产品等提供资金。 |

# 知识点 ❸：客户关系

客户关系是讲述企业与特定客户细分群体建立的关系类型。客户关系是商业模式中的重要一环，不同的价值主张和客户细分对客户关系有不同的要求。

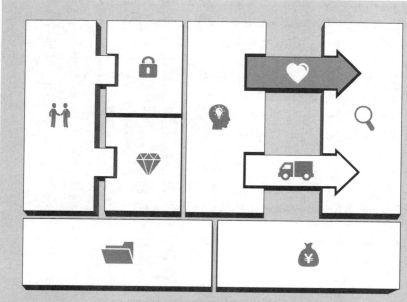

客户关系在商业模式画布中的位置

**建立何种客户关系？**
创业者需要回答的问题：

01 每个客户细分群体希望我们与之建立和保持何种关系？

02 哪些关系我们已经建立了？

03 这些关系成本高低状况如何？

04 如何把他们与商业模式的其余部分进行整合？

## 客户关系类型

| 个人助理 | 基于人与人之间的互动。 |
|---|---|
| 专用个人助理 | 为单一客户安排的专门客户代表，属于层次最深、最亲密的关系类型。 |
| 自助服务 | 为客户提供自助服务所必需的所有条件，与客户不直接接触。 |
| 社区 | 利用用户社区与客户/潜在客户建立更为深入的联系，促进社区成员间互动。 |
| 自动化服务 | 整合更加精细的自动化过程，为客户提供自助服务。 |
| 共同创作 | 与客户一起创造价值，超越传统的客户与供应商间的关系。 |

# 知识点❹：渠道通路

渠道通路是指企业如何通过沟通、接触其客户细分来传递他们的价值主张。渠道通路是维系客户关系、传递价值主张的重要环节，企业必须对渠道进行良好的规划。渠道通路并非单单指销售渠道，还包含接触客户的渠道、与客户沟通的渠道、让客户了解价值主张的渠道等。

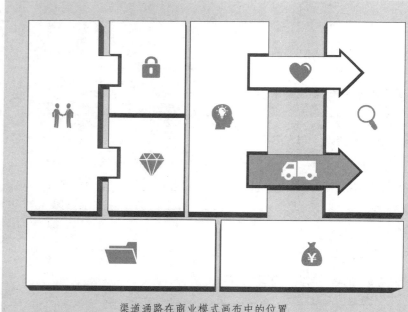

渠道通路在商业模式画布中的位置

**如何建立渠道通路？**
创业者需要回答的问题：

01　通过哪些渠道可以接触我们的客户细分群体？

02　我们现在如何接触他们？我们的渠道如何整合？

03　哪些渠道最有效？哪些渠道成本效益最好？

04　如何把我们的渠道与客户的例行程序进行整合？

第 4 章 / 构建商业模式

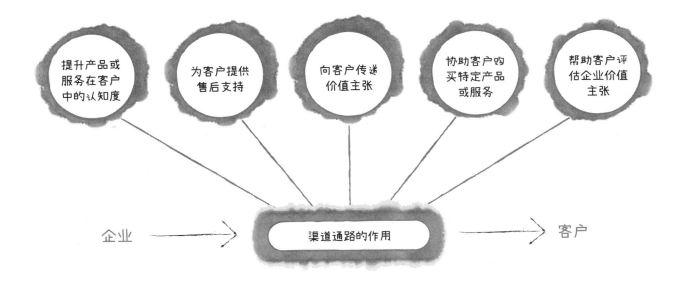

 **小思考**

　　为什么有的企业选择在小区电梯投放广告，而有的选择在写字楼电梯投放？为什么有的企业两者都有投放？企业选择投放场所的依据是什么？

# 知识点 5：收入来源

收入来源是企业从单个客户群体中获取的现金收入。企业可以有多个收入来源，收入来源的组成和多少与客户细分和渠道通路有直接的关联。

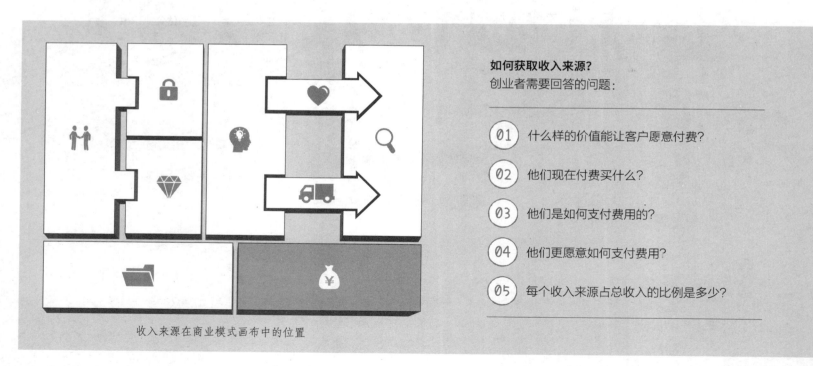

收入来源在商业模式画布中的位置

**如何获取收入来源？**
创业者需要回答的问题：

01 什么样的价值能让客户愿意付费？

02 他们现在付费买什么？

03 他们是如何支付费用的？

04 他们更愿意如何支付费用？

05 每个收入来源占总收入的比例是多少？

## ❄ 收入来源类型

| 资产销售 | 被广泛使用的收入来源方式是销售实体产品的所有权，如图书、家电、汽车等。 |
|---|---|
| 使用收费 | 通过特定的服务来收费，客户使用的服务越多，付费越多。 |
| 订阅收费 | 销售重复使用的服务，如订阅服务，会员卡服务等。 |
| 租赁收费 | 对某个特定资产在固定时间内将使用权出租给他人使用，出租方可以获得经常性的收入，租用方只需承担限定时间内的费用，无须支付购买的费用。 |
| 授权收费 | 将受法律保护的知识产权授权给客户使用，从而换取授权费用，授权方只需出让版权，不用制造产品，在媒体行业比较普遍。 |
| 经纪收费 | 以提供中介服务而收取佣金的方式，保证双方或多方的利益，如房屋中介。 |
| 广告收费 | 为特定产品、服务或品牌提供广告宣传服务，包括传统的媒体行业和会展行业，也包括以软件和服务为主的其他行业。 |

# 知识点 ❻：重要合作

为了让商业模式有效运作，需要供应商与合作伙伴的网络支持。企业内外部的合作很多，但需要特别关注的是对商业模式成败起着决定作用的合作。如果是"少了他就玩不转"而不是"少了他没太大影响"，那么这无疑是重要合作。

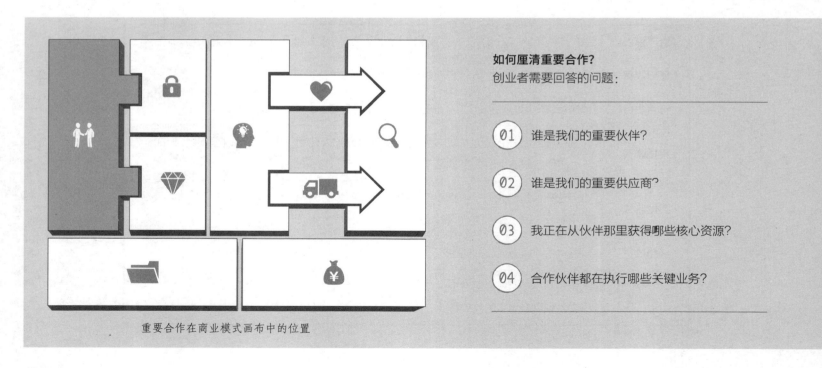

重要合作在商业模式画布中的位置

**如何厘清重要合作？**
创业者需要回答的问题：

01  谁是我们的重要伙伴？

02  谁是我们的重要供应商？

03  我正在从伙伴那里获得哪些核心资源？

04  合作伙伴都在执行哪些关键业务？

## ❋ 重要合作的类型

| 在非竞争者之间的战略联盟关系 | ➡ | 关联度很大的不同行业企业进行合作 |
| --- | --- | --- |
| 在竞争者之间的战略合作关系 | ➡ | 为对抗更强大对手两家同行业企业联合 |
| 因开发新业务构建的合资关系 | ➡ | 需要借助其他企业进入新领域 |
| 确保可靠供应的购买方与供应商关系 | ➡ | 稳定可靠的供应商 |

# 知识点 ❼：关键业务

为了确保商业模式的可行，企业必须做的最重要的事情，就是关键业务，它是企业得以成功运营而必须实施的最重要的行为。

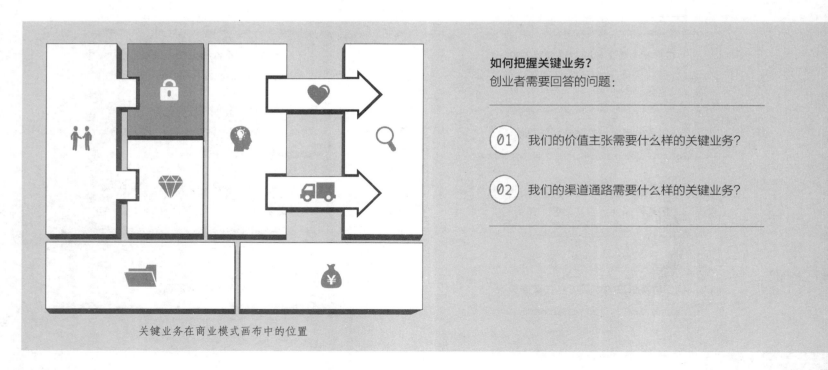

关键业务在商业模式画布中的位置

**如何把握关键业务？**
创业者需要回答的问题：

01　我们的价值主张需要什么样的关键业务？

02　我们的渠道通路需要什么样的关键业务？

## ❋ 关键业务的类别

| 问题解决 | 为解决客户问题，提供新的解决方案，其商业模式需要知识管理和持续培训等业务。 |
|---|---|
| 制造产品 | 制造产品是企业商业模式的核心，此类业务涉及生产一定数量或满足一定质量的产品，与设计、制造有关。 |
| 平台／网络 | 以平台为核心资源的商业模式，关键业务都与平台管理、服务提供和平台推广有关。 |

## ❋ 分辨关键业务

通常情况下，以下企业或机构的关键业务属于上述哪一类？

# 知识点 8：核心资源

核心资源是为了让商业模式有效运转所必须投入的最重要资源，可以是实体资产、金融资产、知识资产或人力资源。

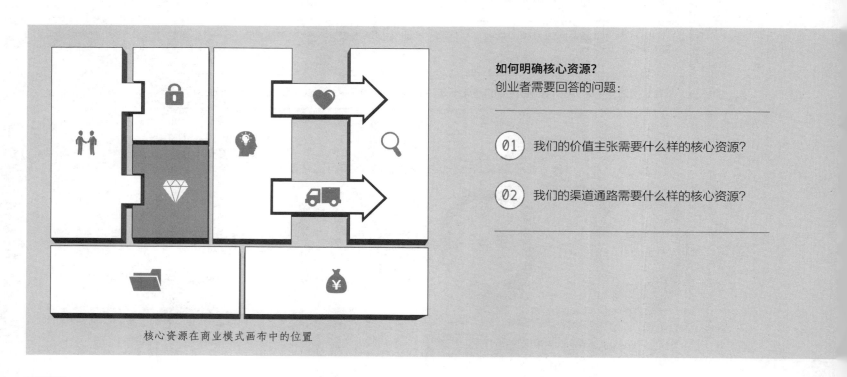

核心资源在商业模式画布中的位置

**如何明确核心资源？**
创业者需要回答的问题：

01　我们的价值主张需要什么样的核心资源？

02　我们的渠道通路需要什么样的核心资源？

## ❋ 核心资源的类别

| 实体资产 | 包括实体的资产，如生产设施、不动产、汽车、销售网点等。 |
|---|---|
| 知识资产 | 包括品牌、专有知识、专利和版权、合作关系和客户数据库等。 |
| 人力资源 | 包括知识密集型产业和创意产业中的人力资源等对企业发展至关重要的资源。 |
| 金融资产 | 有些商业模式需要金融资源或财务担保，如现金、信贷额度。 |

## ❋ 分辨核心资源

通常情况下，以下企业的核心资源是什么？

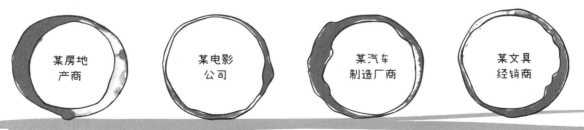

# 知识点 ❾：成本结构

成本结构是运营一个商业模式所有成本的构成比例，是产品或服务成本中各项费用（如人力、原料、土地、机器设备、信息、通路、技术、能源、资金、政商关系、管理素质等）所占的比例或各成本项目占总成本的比重。

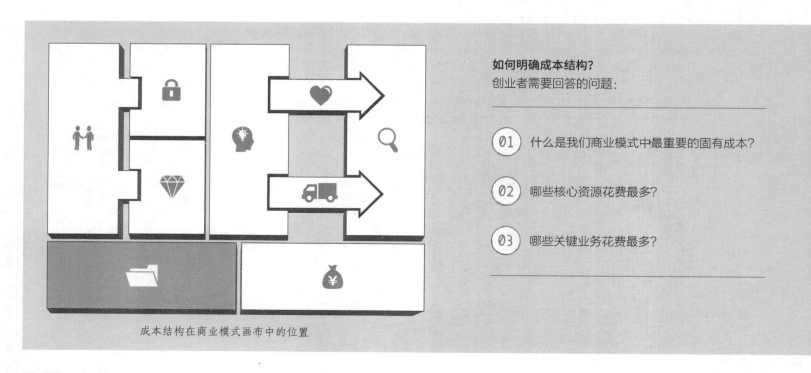

成本结构在商业模式画布中的位置

**如何明确成本结构？**
创业者需要回答的问题：

01 什么是我们商业模式中最重要的固有成本？

02 哪些核心资源花费最多？

03 哪些关键业务花费最多？

## ❋ 固定成本与变动成本

**固定成本**

固定成本也称"固定费用",是指在一定范围内不随产品产量或商品流转量变动的那部分成本。

固定成本大部分是间接成本,如企业管理人员的薪金和保险费、固定资产的折旧和维护费、办公费等。当产品产量或商品流转量的变动超过一定的范围时,固定费用就会有所增减。所以,固定成本是一个相对固定的概念,我们又称之为"相对固定成本"。

**变动成本**

变动成本是指成本总额随着业务量的变动而呈正比例变动的成本。

变动成本大多是直接成本,如原材料采购的成本,产品外发给其他厂商生产所造成的成本等。固定成本无法避免,变动成本相对来说更加灵活。企业可以将部分固定成本转化为变动成本以减轻成本压力(如削减部分生产线,将部分产品外发给其他厂商生产)。

**小思考**

企业的固定成本高好还是变动成本高好?各有哪些优缺点?

## 演练：商业模式画布——校内物流

第 4 章 / 构建商业模式

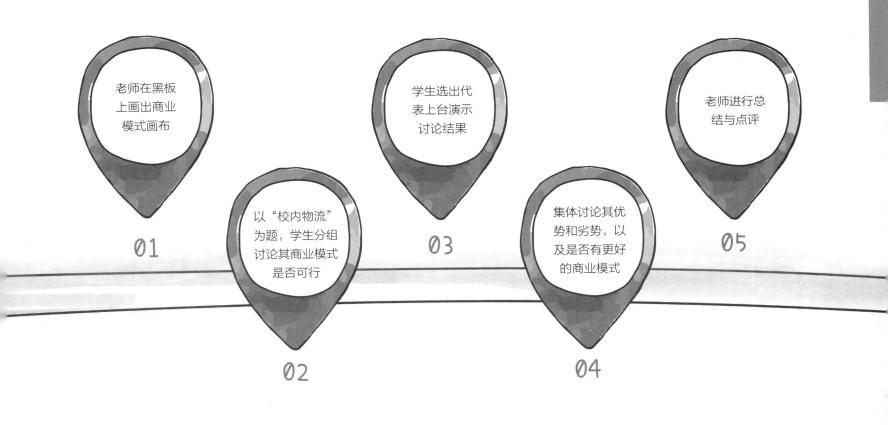

## 4.3 ◆ 如何构建成功的商业模式

引导案例

# 90后职校生成"独食"餐饮新业态的开创者

来源：湖北广播电视台相关行文，编者有修改

创意设计了"独食"系列品牌，成为中国独食经济的领航者，不到3年打造3个餐饮网红品牌，品牌抖音粉丝10万+，发展258家加盟店，覆盖全国52个城市，直接带动300余人创业、1500余人就业，从一名高职毕业生逆袭成为千万富翁……她便是襄阳职业技术学院2017届毕业生——朱婷婷。

**一念创新，激活"创业"基因**

2014年，温州女孩朱婷婷承载着家人的希望入读襄阳职业技术学院。大一下学期，她在"双创"老师引导下，参加了学校创业计划大赛并获得一等奖，激发了她的创业梦想和激情，创新的脚步从此不再停歇。她组建"育婴树"项目团队参加2016"中国创翼"创新创业大赛获得银翼奖，2017年参加第三届"互联网+"创新创业大赛获取铜奖。从此，激活了她作为温州人特有的"创业"基因，给予她源源不断的创业动力。

**一心创业，扬起"饮食品牌"梦想**

毕业后，朱婷婷回到家乡温州，进入一家餐饮公司担任总经理助理，入职仅半个月，就凭借策划出轰动整个温州的"七夕龙虾花束活动"升任为企划总监。2017年下半年，朱婷婷自主经营"西点艾克炸鸡汉堡"和"良弥一味独食火锅"两个品牌。其中西点艾克在温州开设了3家直营店，带动20余人就业。2019年，杭州"良弥一味独食火锅"开业即火爆，开业首日仅17个餐位的55平方的小店营业额破万，得到年轻人群体的广泛关注和认可，抖音粉丝半月增长 2.4 万。

### 一展雄姿，勇亮"独食"锋芒

"独食火锅"的火爆引导她进一步深入跑市场开展调研，目标锁定在超过两亿的单身群体上，她坚信这是一个巨大的潜在市场，她希望为这群人打造一个独享空间，从空间、服务到菜品，处处营造一种优越轻松的独处感，在她这里"独食"的孤独感，变成"优越感""趣味感"，让一个人的饭既好吃又有趣。基于这样的判断，她加强研发，统一团队形象，通过严格的标准作业指导、完善的供应链体系和特色的商业模式吸引加盟商，勇作"独食"餐饮领航者，将"一人一位一份"用餐特色推行得风生水起。

### 一路高歌，创新与整合的"模式"并进

2020 年新春恰逢新冠病毒肆虐期间，朱婷婷采购几万只口罩捐献给母校附属医院和温州家乡医院，同时给武汉慈善基金会捐款。善行义举伴随着她驰骋商场，与市场上快招、圈一波加盟费的公司不同，她始终以帮助更多有创业梦想的人实现创业愿望为使命。她广纳贤才，打造了一支既有创新活力又有 20 余年火锅餐饮管理经验的后端管理服务团队，帮助没有经验的加盟商规避掉 70% 的开店风

险，专业的培训团队、专门的督导团队、强大的设计师团队增强了品牌竞争力。同时，她本人担任开元集团等多家餐饮公司的新媒体顾问，微博红V博主，B站UP主，率领团队通过自媒体营销打造粉丝经济，通过流量高转化实现低成本运营。朱婷婷当下所取得的成绩，与她所打造的商业模式息息相关，以"独食餐饮"的创新为基础，结合传统"品牌连锁"与新兴"流量经济"，起到了"1+1>2"的效果。截至2020年7月，全产业链已实现带动就业近万人。

习近平总书记指出：坚决制止餐饮浪费行为，杜绝"舌尖上的浪费"。朱婷婷的"独食"系列品牌恰好主推"一人食"小份餐品。未来她将乘风破浪——持续引领健康、节约型新"食"尚，开创独食餐饮的新业态，打造"独食"餐饮文化名片。

## 商业模式需要创新实践

商业模式的构建是创业者面临的最大挑战之一。好的商业模式能够推动创业活动的顺利进行,而商业模式构建上的不成功则会直接导致创业失败。

我们首先需要了解商业模式的构建方法,从整体上掌握商业模式的布局。然后我们需要从实践出发,了解如何验证商业模式。没有经过市场验证的商业模式只是纸面上的蓝图,不能带来实际的效能。我们需要在实践中不断验证和调整,直至寻求到可以让企业持续发展的商业模式。

商业模式也是创新者的舞台。一个好的商业模式必然是创新的商业模式,商业模式的创新也将是创业者自身能力的最好体现。

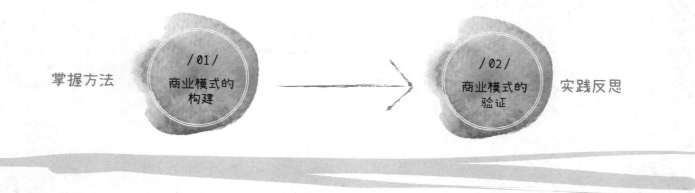

知识链接

# 知识点 ❶：商业模式的构建

正如画一幅画需要先勾勒出草图一样，商业模式画布就如同勾勒出创业的草图。创业者可以从最有把握的一点（如客户细分和价值主张，或者已有的资源）出发依次展开布局。

商业模式是由一系列复杂部件组成的复合体，这些部件之间相互关联，横跨不同方面甚至包括企业以外的因素。如客户细分和价值主张总是成对出现的，是一一对应的关系。因为商业模式的复杂性，其构建很难一步到位，必须在实践中不断摸索改进。

商业模式构建要尽可能地基于实际，比如市场调查数据、客户的访谈记录，越扎根于实际，商业模式成功的可能性就越大，而越脱离实际，商业模式成为"空中楼阁"的可能性就越大。

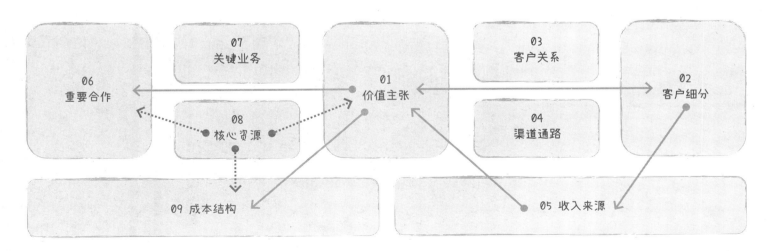

知识链接

# 知识点 ❷：
# 商业模式的验证

商业模式需要经过市场的验证，否则就会成为纸上谈兵。验证商业模式最好的办法就是客户是否接受，如果客户接受并愿意付款，那么这个商业模式就成功了一大半。

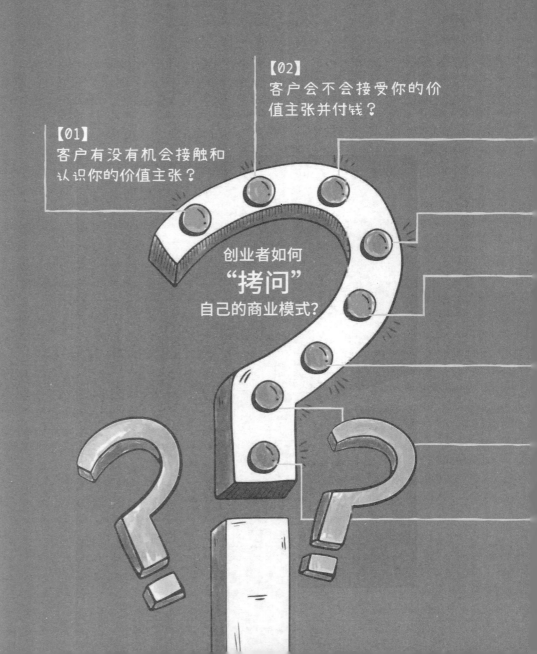

【01】客户有没有机会接触和认识你的价值主张？

【02】客户会不会接受你的价值主张并付钱？

创业者如何"拷问"自己的商业模式？

【03】

客户细分是否过大或者过小？

【04】

商业模式能否快速自我复制？

【05】

别人为什么不能复制你的商业模式？

【06】

你的合作者和资源能否支撑业务的快速扩张？

【07】

你的成本结构是否合理？

【08】

你最主要的收入来源是否可靠？

……

第4章 / 构建商业模式

 创新——商业模式的核心

对商业模式的主要构造模块进行创新，会使得你的商业模式更有竞争力。比如"专为男士准备的女士内衣"这个价值主张会让人嗤之以鼻，但"专为男士准备的礼品型女士内衣"就大不一样了。事实上，这是一个成功的商业案例。渠道通路的创新同样也可以增强商业模式的竞争力。京东曾被认为无法在价格上与淘宝竞争，但京东凭借自建的快速物流体系赢得了与淘宝有所区别的客户细分群体，并获得商业上的成功。

拓展阅读

从底层商业模式思考：拼多多是如何进行裂变的？

# 第 5 章 规划创业实践

- 5.1 创业环境与经济形势
- 5.2 如何撰写创业计划书
- 5.3 创新创业竞赛与实践

## 5.1 ◆ 创业环境与经济形势

引导案例

# 将青春创新活力洒向伟大的新征程

来源：本书编撰组根据相关新闻和报道汇总整理

**"让创新成为青春远航的动力"**

党的二十大报告中提出：完善科技创新体系，坚持创新在我国现代化建设全局中的核心地位，我们始终坚持科技是第一生产力、人才是第一资源、创新是第一动力。广大青年科技工作者结合自身科研经历深入领会新时代党和国家事业取得的历史性成就，明确未来科研事业的目标，为实现中华民族伟大复兴贡献青年力量。

2021年度中国大学生自强之星、华中科技大学陈丹说："当听到'必须坚持科技是第一生产力、人才是第一资源、创新是第一动力'后，我备受鼓舞并深有感触。2020年初突如其来的新冠疫情打乱了所有人的节奏，老师紧急召集大家进行防护用品的技术研发，我作为主要成员参与项目攻关，与团队成员始终坚信，科研应该是服务于社会实际需求的。经过一年四个月夜以继日的实验和论证，我们团队改进了传统口罩的材料配方和工艺，自主创新研制出高通口罩，被选作2022年春节联欢晚会指定口罩。作为新时代的青年，我将坚定不移听党话、跟党走，立志做有理想、敢担当、能吃苦、肯奋斗的科技创新工作者，让青春在全面建设社会主义现代化国家的火热实践中绽放绚丽之花。"

第十三届中国青少年科技创新奖获得者、中山大学吴添贤说："作为新时代青年，我们是国家科技创新发展的受益人和见证人，站在新的历史交汇点上，也要做国家高水平科技自立自强的推动者和建设者。一直以来，在我的本科母校——广州大学的支持下，我与实验室伙伴勇担青年责任，面对芯片核心技术'卡脖子'的困境，以芯片设计为研究项目，组建'广大芯团队'，积极开展低功耗电源管理芯片的研究，希望为中国芯片设计事业出力。未来我们将继续恪守'博学笃行，与时俱进'的校训精神，坚持创新思维引领成长前路，在新征程里不忘初'芯'，努力为中国半导体芯片设计事业、为中国'打赢关键核心技术攻坚战'贡献自己的一份微薄力量。"

第十七届"挑战杯"全国大学生课外学术科技作品竞赛一等奖获得者、贵州大学郭声鑫说："作为一名长在农村的孩子，我从小就对粮食安全的重要性深有体会，当听到习近平总书记在报告中指出'确保中国人的饭碗牢牢端在自己手中'后，我感到生逢其时、肩负重任。现在，我是一名农药学学生，一直致力于全新植物免疫诱抗剂的研究，为解决植物病毒病困扰和降低广大农户成本长期奋斗在贵州乡村振兴一线。在今后研究中，我将更加坚定理想信念、脚踏实地、奋勇拼搏，不畏艰难、久久为功，在夯实粮食安全根基的广阔舞台上施展才干，把'藏粮于地、藏粮于技'战略深入落实在行动上，为全面建设社会主义现代化国家、全面推进中华民族伟大复兴贡献青春力量！"

**"让创业成为青春搏击的能量"**

就业创业过程要把握好时代脉搏，努力将个人的小我融入祖国的大我，敢于把梦想变成现实。广大青年正奋力走在创新创业创造前列，积极投身创业热潮，以聪明才智和青春光热服务人民、助推发展、贡献国家。

中国国际"互联网+"创新创业大赛国家金奖、陕西通原科技有限公司创始人、西安交通大学吴浩齐说："思想之旗领航向，人间正道开新篇。十年跨越，党中央带领我们一路披荆斩棘，一路凯歌前行，交出彪炳史册的时代答卷，综合国力、经济实力、科技实力跃上新台阶。作为新时代的新青年，我们应该朝气蓬勃、热血沸腾、敢闯敢拼。科研成果转化是科学研究助力社会经济发展的重要环节，我也将在科学研究中瞄准行业前沿，直面问题，迎难而上，结合所学所研，努力推动研究成果从燃气轮机等高精尖领域，应用到矿井除尘、农药喷洒、无水染色等更广泛的工业领域，助力中国制造的产业升级，以引领科技发展为目标，做时代创新创业的排头兵，用实际行动践行科技报国的理想，肩负起历史赋予的重任，为国家能源动力行业发展贡献智慧和力量，做时代西迁新传人。"

第七届中国国际"互联网+"大学生创新创业大赛金奖、西南大学彭宣淇说："听完习近平总书记的报告后，让我感受到大学生创新专业知识的重要性，以创业带动就业，正是我们创新专业知识，以青春建功新时代的重要体现。同时，我更加深刻地感知到作为应届毕业生的我们，要注重面向基层、面向国家战略、面向技术攻坚领域去开启自己的职业梦想，在选择就业创业方向时要把握好时代脉搏，努力将个人的小我融入祖国的大我，敢于把梦想变成现实，把不可能变成可能。接下来，我必将坚定不移听党话、跟党走，致力于将生命科学学科所学的知识应用到食品安全监测与关注国民营养上，为健康中国建设做出应有的贡献。"

知识链接

# 知识点 ❶：把握新时代下的创业机遇

2023年是全面贯彻党的二十大精神的开局之年，以习近平同志为核心的党中央团结带领全党全国各族人民，顶住外部压力、克服内部困难，全面深化改革开放，加大宏观调控力度，着力扩大内需、优化结构、提振信心、防范化解风险，我国经济回升向好，高质量发展扎实推进。现代化产业体系建设取得重要进展，科技创新实现新的突破，改革开放向纵深推进，安全发展基础巩固夯实，民生保障有力有效，全面建设社会主义现代化国家迈出坚实步伐。"生逢其时"的广大青年群体更应当发挥"勇于创新、敢为人先"的奋斗精神，毫不犹豫地承担起新时代的历史使命。青年可大有作为的领域包括：

### 1. 新质生产力

特别是以颠覆性技术和前沿技术催生新产业、新模式、新动能为重点，整合科技创新资源，引领发展战略性新兴产业和未来产业。新质生产力有别于传统生产力，涉及领域新、技术含量高，依靠创新驱动是其中关键，新质生产力代表一种生产力的跃迁，它是科技创新在其中发挥主导作用的生产力。重点领域包括新型工业化，数字经济和人工智能，着力打造生物制造、商业航天、低空经济等若干战略性新兴产业，开辟量子、生命科学等未来产业新赛道，广泛应用数智技术、绿色技术，加快传统产业转型升级。

### 2. 新型消费

通过互联网、大数据、人工智能等新技术的运用，促进传统消费的转型升级，并培育新的消费业态和消费模式。具体来说主要包括：数字消费、绿色消费、健康消费，积极培育智能家居、文娱旅游、体育赛事、国货"潮品"等新的消费增长点。稳定和扩大传统消费，提振新能源汽车、电子产品等大宗消费。以提高技术、能耗、排放等标准为牵引，推动大规模设备更新和消费品以旧换新。新型消费能够促进传统产业的转型升级，提高生产效率和产品质量；能够培育新的经济增长点，推动经济持续健康发展；能够提高人民的生活水平和幸福感，促进社会和谐稳定。

### 3. 健康医疗

医疗健康行业，在抗击这场突如其来的全球性公共卫生事件中发挥了其他行业无法替代的作用，也凸显了其抗周期性的投资属性和独特的价值。全球经历的这场公共卫生防御体系与健康治理的严峻考验，也进一步放大了各界对整体医疗资源匮乏的焦虑和担忧，未来预计将有更大量的资本及研发投资进入。像医疗健康、疫苗研发、在线问诊、2B 医疗服务等都已展现出积极的发展态势，也受到了社会更广泛的关注。这将有利于中长期医疗健康行业发展的进一步加速，后续国家和民众将加大在医疗健康领域的投入，资本市场对于医疗健康行业的关注度会继续提升，民众对医疗物资、数字医疗的需求，也会持续提升，健康医疗行业将迎来飞速发展期。

**4. 社区服务**

作为我国社会基层治理的主要力量之一，社区服务发挥了重要的作用，也面临着严峻的考验。在人民群众面对重大突发公共卫生事件的过程中，社区基层周密组织与开展了人员管控和公共服务，并逐渐探索出更精细化和人性化的管理理念和服务方式，并收获了大量正向反馈与肯定。这一时机，正是社区服务企业品牌价值提升的有利时机。随着 5G 新技术的到来，传统社区服务模式将要迎来较大变革，智能化、自动化，大数据时代下的智慧社区模式是社区服务行业未来的发展趋势。经历"大考"后，让我们看到了社区增值服务的探索，"最后一公里"的商业价值。线上的社区商店、线上的配送到家，在社区增值服务的延伸方面有着天然的优势。庞大的消费市场、足不出户的消费体验让社区商业模式拥有广阔的发展前景，为社区服务行业未来的发展方向提供了更加多样化的选择。

**5. 数字与在线服务**

为了满足消费者愈加多元化的消费需求，生活服务市场不断扩大，餐饮、团购、到家服务、社区服务等行业在数字化浪潮下，正在经历和拥抱着数字化的变革。未来生活服务业将具有鲜明的共享经济的特征，以提供社区便利性生活服务为主，将具有低碳、可持续发展，时尚化、专业化，以及数字化、平台化等特征。未来数字化包括平台化也将和连锁经营进一步深入融合，很多生活服务能力和服务的资源，比如设计师和房屋装修的消费者、房源和租户、健身教练和健身的消费者、线上的药店和顾客，这些服务的场景和服务的资源都可以通过平台进行高效的组织和匹配，数字化下的在线服务与生活服务将更紧密地融合到一起，形成更有市场发展空间的商业模式。同时随着社会老龄化和家庭"少子化",人们对便利性生活方式的追求会越来越普遍。生活服务业企业必须通过数字化,让网络资源的共享可以更好地、更高效地满足消费者"最后一公里"的消费需求,未来数字化生活服务业具有巨大的潜能和发展潜力。

**6. 乡村振兴**

国家深化推动乡村振兴战略,乡村资产的价值会被激活,乡村大量的耕地、集体建设用地、宅基地,大量的初级农产品,好山好水、好空气、好风光等农村资源,都会被成功激活,形成几百万亿的资产价值。为此,依托龙头企业、核心企业的带动,依靠服务平台和孵化器,集中力量形成产业集群,真正打通全产业链。加强重点产业园区建设,建设完善一批生态种养殖产业园、加工产业园、物流产业园、高科技产业园、数字产业园、健康产业园、文旅产业园等,与此同时,乡村生活、康养、文旅小镇建设将迎来高潮。越来越多的人到乡村去旅游体验、养生养老、生活就业,农村的城镇化也会是就近就地的城镇化,生态村镇群会大量涌现。

广大青年群体要深刻领会党中央对经济形势的科学判断,切实增强投身经济建设的责任感使命感,抓住一切有利时机,利用一切有利条件,看准了就抓紧干,能多干就多干一些,努力以自身工作的确定性应对形势变化的不确定性。要始终保持奋发有为的精神状态,胸怀"国之大者",主动担当作为,坚定信心、开拓奋进,以高质量发展的实际行动和成效,为以中国式现代化全面推进强国建设、民族复兴伟业作出新的更大贡献。

新时代大学生"绘制"未来

# 知识点 ❷：勇于成为新时代的创业"新"人

**1. 成为"敢为有为"的时代青年**

习近平总书记十分关心青年的成长与成才，每每在重要时刻，他都会寄语青年要"立大志、明大德、成大才、担大任"，让我们共同回顾一下习近平总书记对创业青年们的谆谆教导。

"历史和现实都告诉我们，青年一代有理想、有担当，国家就有前途，民族就有希望，实现我们的发展目标就有源源不断的强大力量。"

——2013年5月4日，习近平同各界优秀青年代表座谈时的讲话

要敢于做先锋，而不做过客、当看客，让创新成为青春远航的动力，让创业成为青春搏击的能量，让青春年华在为国家、为人民的奉献中焕发出绚丽光彩。

——2016年4月26日，习近平在知识分子、劳动模范、青年代表座谈会上讲话

青年是国家和民族的希望，创新是社会进步的灵魂，创业是推动经济社会发展、改善民生的重要途径。青年学生富有想象力和创造力，是创新创业的有生力量。

——2013年11月8日，习近平致2013年全球创业周中国站活动组委会的贺信

创新是民族进步的灵魂，是一个国家兴旺发达的不竭源泉，也是中华民族最深沉的民族禀赋，正所谓"苟日新，日日新，又日新"青年人是社会上最富活力、最具创造性的群体，理所当然应该走在创新创造的前列，做锐意进取、开拓创新的时代先锋。

——2013年5月，习近平同各界优秀青年代表座谈时的讲话

立足新时代新征程，中国青年的奋斗目标和前行方向归结到一点，就是坚定不移听党话、跟党走，努力成长为堪当民族复兴重任的时代新人。希望广大青年用脚步丈量祖国大地，用眼睛发现中国精神，用耳朵倾听人民呼声，用内心感应时代脉搏，把对祖国血浓于水、与人民同呼吸共命运的情感贯穿学业全过程、融汇在事业追求中。

——2022年4月25日，习近平在中国人民大学考察时的讲话

**2. 为新时代青年指明奋斗的方向**

2022年10月16日，中国共产党第二十次全国代表大会顺利召开，这是在全党全国各族人民迈上全面建设社会主义现代化国家新征程、向第二个百年奋斗目标进军的关键时刻召开的一次十分重要的大会。党的二十大报告中对创新创业和经济发展的做出了重要论述，它将为新时代创业"新"人们指明奋斗的方向。关于创新创业，党的二十大报告这样提到：

（1）关于创新

坚持守正创新、坚持问题导向、坚持系

统观念。

中华优秀传统文化得到创造性转化、创新性发展。

科技是第一生产力、人才是第一资源、创新是第一动力,深入实施科教兴国战略、人才强国战略、创新驱动发展战略,开辟发展新领域新赛道,不断塑造发展新动能新优势。

全面提高人才自主培养质量,着力造就拔尖创新人才,聚天下英才而用之。

不断提高战略思维、历史思维、辩证思维、系统思维、创新思维、法治思维、底线思维能力。

实现高水平科技自立自强,进入创新型国家前列。

完善科技创新体系。坚持创新在我国现代化建设全局中的核心地位。统筹推进国际科技创新中心、区域科技创新中心建设。形成支持全面创新的基础制度。培育创新文化,弘扬科学家精神,涵养优良学风,营造创新氛围。扩大国际科技交流合作,加强国际化科研环境建设,形成具有全球竞争力的开放创新生态。

加快实施创新驱动发展战略。坚持面向世界科技前沿、面向经济主战场、面向国家重大需求、面向人民生命健康,加快实现高水平科技自立自强。增强自主创新能力。激发创新活力。提高科技成果转化和产业化水平。强化企业科技创新主体地位,发挥科技型骨干企业引领支撑作用,营造有利于科技型中小微企业成长的良好环境,推动创新链产业链资金链人才链深度融合。

深入实施人才强国战略。加快建设世界重要人才中心和创新高地。加快建设国家战略人才力量,努力培养造就更多大师、战略科学家、一流科技领军人才和创新团队、青年科技人才、卓越工程师、大国工匠、高技能人才。

强化企业科技创新主体地位,发挥科技型骨干企业引领支撑作用,营造有利于科技型中小微企业成长的良好环境,推动创新链产业链资金链人才链深度融合。

(2) 关于创业

构建高水平社会主义市场经济体制。坚持和完善社会主义基本经济制度,毫不动摇巩固和发展公有制经济,毫不动摇鼓励、支持、引导非公有制经济发展。

优化民营企业发展环境,依法保护民营企业产权和企业家权益,促进民营经济发展壮大。

弘扬企业家精神,加快建设世界一流企业。支持中小微企业发展。深化简政放权、放管结合、优化服务改革。

必须完整、准确、全面贯彻新发展理念,坚持社会主义市场经济改革方向,坚持高水平对外开放,加快构建以国内大循环为主体、国内国际双循环相互促进的新发展格局。

坚持把发展经济的着力点放在实体经济上。加快发展数字经济,促进数字经济和实体经济深度融合,打造具有国际竞争力的数字产业集群。

营造市场化、法治化、国际化一流营商环境。

强化企业科技创新主体地位,发挥科技型骨干企业引领支撑作用,营造有利于科技型中小微企业成长的良好环境,推动创新链产业链资金链人才链深度融合。

坚持多劳多得,鼓励勤劳致富,促进机会公平。使人人都有通过勤奋劳动实现自身发展的机会。

引导、支持有意愿有能力的企业、社会组织和个人积极参与公益慈善事业。

全面构建亲清政商关系,促进非公有制经济健康发展和非公有制经济人士健康成长。

# 5.2 如何撰写创业计划书

引导案例

# 从高中开始的咖啡创业计划

来源：编者整理撰写

随着现代社会经济的快速发展和人民生活水平的不断提高，咖啡在我国饮品中已经是一种潮流。市场上有众多咖啡品牌，其中不乏一些大型连锁企业。在这种市场环境下，上海工商职业技术学院20级学生张海明与其他几位同学开创了属于自己的咖啡品牌——尔斯咖啡。

张海明在高三开始接触咖啡，机缘巧合下，他与另一个有开咖啡店经验的朋友合伙开了第一家咖啡店。在店铺的经营过程中，他发现对于一个咖啡店而言，咖啡饮品的质量和口感完全取决于咖啡豆的质量和烘焙技艺。因此在这期间，他开始研究选豆和烘豆技术，经过一年多的拜师学艺和取经，在积累了一定经验后，他便成立了自己的烘豆工作室。店铺和烘豆工作室都有了，他开始认真思考与规划他的咖啡创业之路。

他认为是这个时代给予了大学生们最好的创业时机，在学校他接受了许多创新创业教育，这个时代为他们提供了良好的成长环境。在创业初期，团队享受到很多优惠政策和鼓励措施，例如，2023年团队参加了嘉定区第二届咖啡文化节，属地政府的领导对他们表达了认可和支持，随即便联系相关职能部门设立了校外孵化基地，帮助他们的第三家咖啡店正式挂牌营业，这让他们对创业更加有信心和决心。

在他创业过程中，同样也充满艰辛与曲折。对于尔斯咖啡而言，遇到的最大困难是在新冠疫情暴发后，海外咖啡豆的运输和进口受阻，时效难以保证，原材料成本较高；而统一从大品牌供应商那里采购咖啡豆，会导致咖啡饮品在口感上过于单一，缺乏独特性和可辨识度等，这些也是众多小众咖啡店面临的共同问题。为了解决这些困难，他们组织一些身边的咖啡爱好者从南京生豆市场购买咖啡原材料，在自己的咖啡豆烘焙室开始研究和探索，共挑选了七八十种不同的咖啡豆，但因进口豆的价格偏高，他们决定用部分国产豆代替进口豆，经过无数次尝试，最终拼配出适合自己风格的豆子。因为口感和目前市场上大多数的咖啡口感有很大区别，吸引了很多新客户，店铺发展也出现了转机。同时他还利用艺术专业的优势设计咖啡外包装，为产品增添了艺术性和美感，增强了店铺的独特性和可识别性。

"尔斯咖啡"在发展过程中带动了更多喜欢咖啡或者想要创业的大学生一起加入，为众多毕业生提供了创业见习和实习岗位。他们还通过学校残疾人技能培训基地，吸收有工作需要的特殊人群，并为其提供技能培训。在采购云南咖啡豆的同时也与当地的咖农实现直接对接，帮助他们在圈内对接合适的销售渠道。他们还积极参加各种咖啡文创节，在宣传自身品牌的同时，也将云南咖啡豆带到大众面前，让国产的咖啡豆得到更广泛的认可。

张海明认为，他们距离真正的成功还有很长的路要走，对于大学生创业，他分享了几点感悟。首先是选对行业，这个选对行业不仅是根据市场行业现状来选择，还要根据自身的情况来选择。所谓对，不仅是风口对，还要人对，时机对。其次是要善于利用各种资源，大学生虽然在创业上经验不足，但是能享受到各种政策支持。因此在创业过程中一定要积极寻找和利用好各种资源。第三是要有恒心、信心和毅力。创业其实是十分艰苦的过程，需要面对和解决很多问题。这些问题可能没有任何经验可循，需要自己去探索、去尝试、去试错。如果遇到问题就退缩、害怕甚至畏惧，那创业是很难成功的。最后要做好创业规划，创业过程肯定充满各种问题和挑战，可以说创业者是一直在路上，面对复杂的问题和多变的环境，计划和定力非常必要，要用短期计划和长远规划让项目和团队走得更远。

# 知识点 ❶：什么是创业计划书

商业计划书是公司、企业或项目单位为了达到招商融资和其他发展目标，根据一定的格式和内容要求而编辑整理的一个向受众全面展示公司和项目状况、未来发展潜力的书面材料。

商业计划书是一份全方位的项目计划，其主要意图是递交给投资商，以便于他们能对企业或项目做出评判，从而使企业获得融资。商业计划书有相对固定的格式，它几乎包括反映投资商所有感兴趣的内容，从企业成长经历、产品服务、市场营销、管理团队、股权结构、组织人事、财务、运营到融资方案。只有内容详实、数据丰富、体系完整、装订精致的商业计划书才能吸引投资商，让他们看懂项目商业运作计划，才能使融资需求成为现实，商业计划书的质量对项目融资至关重要。

# 知识点 ❷：如何撰写创业计划书

通过这份"（赛事类）创业计划书"的模版，来详细了解一下创业计划书的具体组成部分有哪些。

封面：LOGO、项目名称、负责人、所属学校、指导老师、团队成员。

目录：若转化成 PDF，则可以添加超链接，这样点到哪个目录，就可以直接跳转到对应内容，方便阅读。

正文内容包括：

1. 项目概要（第一印象很重要，交代清楚项目的核心内容）

1.1 为什么做？（市场问题现状、原因分析）

1.2 怎么做？（产品、创新模式、解决方案）

1.3 目前现状？（运营现状、成果展示）

1.4 核心竞争力（特点、优势、创新性、技术保护）

2. 市场痛点分析（有哪些市场问题、为什么会产生、市场规模前景）

2.1 市场问题描述（案例、报道、故事引入，图文结合，数据描述，让痛点够"痛"）

2.2 市场原因分析（找出问题本质，分析原因，客观、深入，按点逐条写清楚）

2.3 市场规模（引用专业数据说明总市场，再具体到项目针对的目标市场）

3. 产品介绍（产品即解决方案，如果没有技术产品，商业模式就是解决方案）

3.1 产品技术（用什么技术，实现什么功能，解决什么问题，实现什么效果）

3.2 产品图片（实物图、模型图、操作流程图，配以文字说明）

3.3 产品优势（创新性、市场可行性、技术保护等）

3.4 竞品分析（包括性能、价格等，可用表格对比）

4. 商业模式（如何创造价值、如何将价值传递给用户、如何获取价值的核心逻辑和机制）

4.1 商业模式介绍（商业模式图，即把所有涉及的目标对象，以及目标对象之间的关系，描绘出导向图，配合文字进行说明）

4.2 盈利模式分析（哪些环节、板块、渠道可以实现盈利，逐一介绍，包括盈利项目、如何盈利、相关数据等）

5. 运营现状（成果展示）

5.1 技术专利（内容、数量，属于本项目的，而非无关专利）

5.2 合作客户（有谁，数量，成交金额等）

5.3 效益情况（简单概括经济效益或社会效益）

5.4 解决市场问题的成效（前后对比，突出社会价值）

5.5 媒体报道、领导肯定、参赛获奖（按照跟项目的关联程度进行先后排序）

6. 营销策略（基于目前的现状，项目将如何开展？）

6.1 目标客户分析（谁是你的目标客户，他们的特点和画像等）

6.2 推广策略（怎么样才能让他们知道你？）

6.3 产品策略（知道你之后，怎么样才能跟你合作？）

7. SWOT分析（分析项目/团队的可行性）

S（优势）从项目/团队内部分析，技术、专业、创新等优势。

W（劣势）从项目/团队内部分析，经验、资金等劣势。

O（机会）从外部环境分析，利于项目推进的友好社会/政策环境。

T（威胁）从外部环境分析，资质许可、被替代等项目进入市场遇到的各种阻碍。

8. 财务数据及融资

8.1 股本结构及融资需求（目前股本结构，谁占股多少，凭什么占股；预计出让多少股份，融多少钱，这些钱用于什么地方）

8.2 盈利分析表、销售预测表（先制作财务明细表，再转由财务人员制作专业的财务数据表。数据预测合理、客观，不要过度膨胀。数据符合规律，不要凑整数、等差等比）

9. 团队成员介绍

9.1 组织框架与负责人（切合业务实际设置部门，部门职责+负责人对应的专业专长，如果已做出成绩，可附上说明）

9.2 指导老师（有关项目涉及领域和行业方向的研究专长、影响力、成果展示，以及具体负责事项，而不只是挂名而已）

10. 带动就业与引领教育

10.1 带动就业（预计可直接带动多少人就业，分别从事哪些岗位和工作？可间接促进和带动多少人就业，主要从事哪些方面的工作？可结合产量规模匹配对应的带动就业人数）

10.2 引领教育（依托项目开展的产学研、科技转化、专业实践教育以及其他能够产生教育意义的活动；学校给予什么支持，在此支持下团队取得了哪些成果；项目成员的专业与项目任务之间的关系，以及成员通过项目获得的成长和锻炼，结合凭借项目通过什么考试、申请什么资格证书、完成什么研究任务等，彰显项目对成员的教育意义）

11. 风险分析及应对

11.1 资金风险（如何保障项目运作 1-2 年所需的资金）

11.2 市场风险（市场政策、竞争对手可能发生的重大变化及应对）

12. 未来计划

6月计划、1年计划、3年计划（用具体的手段和策略实现具体的目标）

附录附件

多余的证书、专利介绍；项目其他附属、周边内容；关于技术实现的详细方案；调研数据、分析详情；有关项目实践的图片……

正文放不下，又有用的，可以在附录附件说明，按主次、轻重，排序展示。

同驭汽车——线控制动系统行业领导者

# 5.3 创新创业竞赛与实践

 引导案例

# 一场大赛 改变人生

来源：编者整理撰写

**因为兴趣热爱产生创业想法**

汤崇根 2018 年考入上海工商职业技术学院并就读于商学院的电子商务专业。他是一个十分阳光开朗的大男孩，业余时间非常喜欢跳街舞，参加过很多相关的赛事并获得奖项，因此也结识很多街舞圈里兴趣相投的伙伴。因为热爱街舞，所以他平时对自己穿着也比较关注和在意，尤其喜欢一些嘻哈风格的衣服。久而久之，他发现目前市场上很多潮牌服装很难满足他们这群人的需求，要么款式不够时尚个性，要么价格偏高，对于他这类学生群体而言难以承受。因此在经过半年多市场调研和观察后，他决定创建一个属于大学生的潮牌服装——NEOTCG 应运而生。

**一场比赛，改变人生**

2019 年，汤崇根着手准备创业项目，正式成立 NEOTCG 服装品牌，开始做属于大学生自己的潮牌。项目经过汤崇根团队和老师的不断打磨和优化，获得了第四届"互联网＋"创新创业大赛上海赛区金奖。这之后，他坚定了自己的信念，一定要做一款属于大学生自己的潮牌。因为项目落实性强，因此获得了由学校和属地政府提供的一系列政策支持。为了更好落地项目，汤崇根在 2020 年申请休学，他带着满腔的热血和激情，来到产业带进行学习深耕：在福建石狮成立小的工作室，开始深耕了解服装知识，积累供应链。这个过程是十分难熬的，因为刚开始没有资源和经验，汤崇根遇到很多问题和麻烦，曾经一度出现资金链断裂的情况，但是最后在相关政策和学校的支持下，他成功申请到"上海市大学生科技创业基金"提供的 45 万元的免息贷款，这笔资金给予项目重生的机会，也让他有了坚持下去的希望和信心。

2021年，在经过一年的摸爬滚打、沉淀与积累后，他的小工作室开始有起色，单月营业额破100万元。但是这点成就没有让他骄傲，反而更加燃起他的斗志和前进的动力。经过2021年一整年的积累，2022年他开始租写字楼、仓库、建立团队、规模化运营，这一年全年营业额过2000万元大关。

**明确目标，坚持初心**

目前NEOTCG品牌已经是国内服装潮牌市场的一支新秀，汤崇根和团队成员在这几年品牌的发展过程中，既取得经济上的收益，也收获精彩的人生经历。但是他们没有停止前进的脚步，而是在总结经验后，选择继续前进。经历四年的发展，NEOTCG品牌更加确定了自己独有的品牌风格，明确以"非正式学院风"、产品简约为主，继续为广大的街舞文化爱好者和广大学生群体提供既时尚又便宜的潮牌服装产品，不断深耕，做到行业TOP。

NEOTCG目前团队30余人，分别任职于仓储、客服、新媒体、短视频、设计、运营、职能部门等岗位。团队成员基本都来源于和汤崇根一样热爱街舞文化，对嘻哈潮牌服装感兴趣，并且有志于自主创业的年轻群体。他们有着很多共同的兴趣爱好、共同的志向，同时作为新一代年轻群体，他们思想更加活跃，想法更加大胆，理念更加先进。因此工作中相互信任，善于沟通，协调工作，这便是NEOTCG品牌成功的又一个秘诀：有一支高效的团队。

**顺应时代，感恩回馈**

20世纪是互联网的时代，是大数据的时代，是年轻人的一代。作为年轻群体创业者，汤崇根团队有着先天的优势——对新事物、新技术、新渠道的了解。因此在整个创业过程中，除利用传统的营销渠道以外，他们还积极利用互联网等新形式的渠道进行品牌的宣传和运营。目前NEOTCG品牌拥有近百家合作供应链、抖音百万粉、自媒体专访、得物邀请入驻。这些新时代网络销售渠道为品牌的发展和壮大提供了更大的可能性，这也是他们团队顺应时代潮流，抓住机遇的充分体现。

汤崇根在创业成功后，对当时的指导老师和学校一直心怀感恩。因此在后面的两年里，他为母校做了很多事情：新冠疫情期间捐赠物资，教师节探望恩师。同时为了给广大学子树立榜样和分享经验，他还受邀到母校开展创新创业经验分享会，为广大感兴趣和需要创业的学弟学妹们提建议，并为喜欢他们公司并且有能力的学弟学妹提供实习和见习机会。

知识链接

# 知识点 ❶：大学生创新创业大赛

**1. 中国"互联网+"大学生创新创业大赛**

中国"互联网+"大学生创新创业大赛，是由教育部与政府、各高校共同主办的一项技能大赛。大赛旨在深化高等教育综合改革，激发大学生的创造力，培养造就"大众创业、万众创新"的主力军；推动赛事成果转化，促进"互联网+"新业态形成，服务经济提质增效升级；以创新引领创业、创业带动就业，推动高校毕业生更高质量创业就业。大赛分为高教主赛道、青年红色筑梦之旅赛道、职教赛道、萌芽赛道、产业命题赛道，组别有创意组和创业组。在校或者毕业满5年内的学生可以通过全国大学生创业服务网（cy.ncss.cn）进行注册报名，也可以通过大赛移动端报名（下载大赛APP或订阅大赛微信公众号）。

**2. "挑战杯"中国大学生创业计划竞赛**

"挑战杯"中国大学生创业计划竞赛是由共青团中央、中国科协、教育部、全国学联主办的大学生课外科技文化活动中一项具有导向性、示范性和群众性的创新创业竞赛活动，每两年举办一届。根据参赛对象，分普通高校、职业院校两类。设科技创新和未来产业、乡村振兴和脱贫攻坚、城市治理和社会服务、生态环保和可持续发展、文化创意和区域合作五个组别。竞赛采取学校、省（自治区、直辖市）和全国三级赛制，分预赛、复赛、决赛三个赛段进行。

**3. 其他上海地区部分赛事活动**

上海市女大学生创新创业大赛，由上海市妇女联合会、上海市教育委员会、上海市人力资源和社会保障局联合举办。大赛设创意组和创业组，以团队为单位报名参赛，允许跨校组建参赛团队，参赛项目的团队负责人须为符合参赛要求的女大学生，核心成员中女大学生占比不少于30%。普通高等学校全日制女大学生及毕业5年内的各地女大学生，符合申报条件的项目可通过大赛系统（https://firstjob-ndxsstu.youkehulian.com/）报名参赛。

"汇创青春"上海大学生文化创意作品展示活动，由中共上海市教育卫生工作委员会、上海市教育委员会主办，为积极推进上海"设计之都"建设，大力营造全市文化创新和创意产业发展的生态环境，展现上海高校的创新创业教育成果，培养青年大学生的创新创业意识，造就一大批优秀的创新创业人才，特别是着力于打造校园创意、创新与文化产业园区对接的桥梁。各高校在校大学生（含研究生、留学生）的"互联网+"文创类创业项目，经过校级评审晋级市赛。

# 知识点 ❷：项目路演与 PPT 制作

**1. PPT 制作技巧与常见问题**

字体太小：路演 PPT 的画面尺寸选择 16∶9 的格式，字体大小根据内容多少适当调整，如在电脑上观看，则应人站在 2 米的距离能清晰地看清内容。

文字描述太多：在制作 PPT 的过程中，需要结合该页所表达的内容，设置 6 个字以内的标题、简单明了的文字总结和数据等。

插图、动画太多：PPT 里面的图片一定要能烘托主题、辅助证明内容的真实性或者达到其他目的，切不可作为修饰之用。

排版与配色混乱：PPT 页在制作工程中，除图片、动画内容有丰富的色彩外，其他内容用色不要超过 3 种，可以参考 PPT 商业模板。

页数太多：一般项目在网审阶段，页数控制在 45 页之内；现场路演阶段，页数控制在 23 页左右。

内容不完整及重复：建议不要同类性质的内容重复展示，可以挑选几个具有代表性的进行介绍，剩下的用表格或者用一段话概括，这样主次分明，而且不占篇幅。内容结合创业计划书的目录进行梳理，突出需要重点表达出来的核心内容，做到不漏不重复。

**2. 项目路演技巧与常见问题**

项目路演是在创业团队参赛或融资过程中必不可少亦是至关重要的步骤，创业团队核心创始人（或团队核心成员）应重点打磨项目路演能力。项目路演中常见的问题主要包括：

- 临场紧张造成发挥失常，缺乏自信、感情、激情，语速太快难以抓住重点；
- 路演者对项目整体内容设计把控不够（产品不明确、核心技术不突出为主要问题）；
- 在路演的过程中，以自我为中心，未重点阐述听众所关注的问题；
- 答非所问、拐弯抹角或固执反驳等；
- 整体呈现不自然，不能很好地与评审、设备等自然互动，服装过于休闲等；
- 时间把控不当等。

路演中最重要的就是要把创业项目的商业逻辑阐述清楚，重点讲解竞争优势，回答问题时表现出诚实、诚恳的态度，不能吞吞吐吐，也不能不懂装懂；注意基本的礼仪规范与着装，手势与动作要自然，不要念 PPT，反复练习以控制时间；切忌弄虚作假。

拓展阅读

第七届双创大赛路演与答辩视频

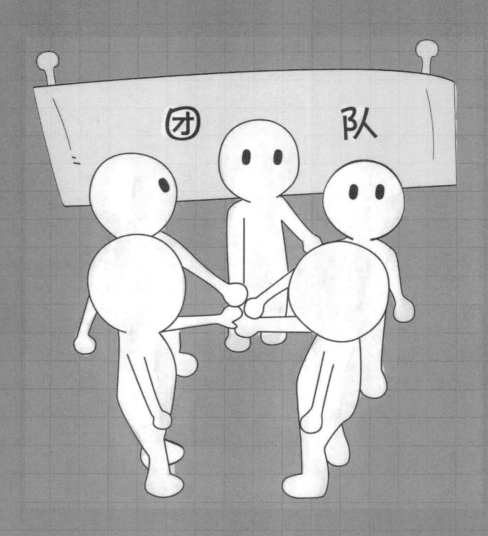

# 第6章 组建创业团队

- 6.1 创业者与合伙人
- 6.2 怎样组建高效团队
- 6.3 初创企业的股权设计

## 6.1 ◆ 创业者与合伙人

# 危机下闯出的一片新天地

来源：编者整理撰写

上海工商职业技术学院2016级机电系学生李启彪，以"年轻人的第一套西装"为经营理念，于2019年成立上海焱志贸易有限公司，同年获得2019年第五届中国"互联网+"大学生创新创业大赛上海赛区铜奖及2019年长三角巾帼创业创新大赛三等奖。

**失败中萌发的创业理念**

作为机电专业的学生，李启彪在大二便开始积极寻找实习机会。在一家4S店的面试中，他自我感觉现场发挥得非常不错，并获得了HR的个人微信，但最终却与Offer失之交臂。经过HR的点拨，他明白面试时第一印象尤为重要，如发型、着装、待人接物的礼仪等，形象永远走在能力前面。这次失败的面试经历也让李启彪联想到在校的同学们，大家普遍都缺乏面试时的形象管理，所以"年轻人的第一套西装"这个理念也随之孕育而生了。

**加入创业班 打通校际网**

"年轻人的第一套西装"的理念主要服务于大学校园尚未正式踏入工作岗位的学生，帮助同学们学习礼仪文化以及职场知识。李启彪带着这个创业理念找到了学校创新创业中心的老师，并成为了首批工商创业班的入驻项目。2018年5月，在校内孵化基地成立合绅工作室，正式开启了创业之路。在校创业中心及专业指导老师的帮助下打通校际渠道。除了在本校内，李启彪还逐步在上海城建学院、上海商学院、上海第二工业大学等知名高校开设校园线下体验店，并多次参加校内外各项比赛拓展项目知名度。项目也逐渐从一个学生项目正式走向了市场化道路。

**历经波折促使团队逐渐成熟**

经过一年的校内孵化,合绅工作室已经能够自负盈亏,并微有盈利。李启彪也想带着团队正式成立公司,开拓更大的市场。经过3名团队核心成员出资及政府创业贷款支持,团队筹措启动资金30万,2019年10月,上海焱志贸易有限公司正式成立。

在公司启动后不久,来势汹汹的新冠疫情不仅打乱了原有的发展计划,也让原本稳定的校内市场受到了巨大的冲击。经过几个月的封闭停滞期,李启彪决定不能坐以待毙,必须主动出击向外开拓市场。经过一番协商后,决定由李启彪负责开拓校外市场,另外两名合伙人负责校内市场的维稳并组建各院校的校内团队。

经过三年的发展,公司经历了联合创始人的离开,克服了新冠疫情的冲击并发展了稳定的校外市场,让"Creativo 合绅"的品牌走进了银行、房地产销售、保险等领域。在线下实体店方面,品牌已成功入驻上海6所高校,也为在校大学生提供了100多个勤工俭学的岗位。2023年5月,品牌成功入驻上海创业者公共实训基地,并获得了免6个月房租的补贴。历经波折后,公司团队逐渐稳定,面对品牌知名度不够等问题,下一步,李启彪和团队成员在开拓外部市场的同时,也将进一步深挖上海其他高校的校内市场,力争将"合绅"品牌塑造成陪伴青年一代走向社会的西装品牌。

## 慎重选择你的合伙人

选择合伙人是创业者的一次"大考"。在对的时间遇到对的人,是创业最理想的状态,如果没有遇到对的人,宁可不要创业。因为选错合伙人对创业的损害非常大,很可能会让我们的初创企业遭遇重大挫折,甚至导致创业中途夭折。

我们首先需要了解什么是合伙人,以及谁才是创业者最需要的合伙人,对创业合伙人有一个初步认知。然后我们需要进一步了解如何寻找和选择我们的创业合伙人,掌握其方法和途径。选择合适的合伙人对创业团队的建设非常重要,这也为我们下一小节的学习打下基础。

"无伙伴,不创业。"合伙人的重要性不言而喻。找一个优秀的"中国合伙人",需要创业者充分运用自己的聪明才智和人脉关系,并作出认真考量和判断。

初步了解

01

掌握方法

02

# 知识点❶：创业者需要什么样的合伙人

合伙人是指投资组成合伙企业，参与合伙经营的组织和个人。对初创企业来说，合伙人通常都由创业团队中的人组成。他们不仅是企业的所有者，同时也是创业者最需要的好伙伴。对创业者来说，究竟什么样的合伙人才是最合适的呢？我们需要从角色、合作、能力、资源等角度来进行综合考量。初创企业中总负责人(CEO)、负责企业运营的人(COO)、财务负责人(CFO)、营销负责人(CMO)和技术负责人(CTO)通常是不可或缺的。

初创企业职能分配

**首席执行官(CEO)**

CEO是公司"老板"，最高行政负责人，主要负责制定公司的战略、团队组建、重要招聘等，对资源分配有最终话语权。

**首席运营官(COO)**

COO负责公司复杂的运营细节，确保公司每天的运营良好，同时了解需要满足哪些需求、实际的运营情况等。

## 谁是最佳合伙人

对合伙人的要求可以概括为"三个一致"和"三个互补"。

**首席财务官 (CFO)**

CFO 通过制定预算和财务策略管理公司资金。CFO 所做的最重要的事情就是确保公司的财务健康。

**首席营销官 (CMO)**

CMO 管理营销策略并监管其实施。CMO 应该了解整个行业的发展，帮助推广产品，确保消费者接受本公司的产品。

**首席技术官 (CTO)**

如果技术对公司发展影响很大，那么创业者就需要一位 CTO。CTO 应紧跟技术趋势，确保公司可以紧跟市场的技术潮流。

# 知识点 ❷：如何寻找合作伙伴

对创业者而言，寻找合作伙伴是组建团队的第一步，同时也是为企业发展奠定牢固基石最重要的环节。寻找合作伙伴的重要性毋庸讳言，可以说："无伙伴，不创业"——没有找到合适的伙伴，宁可不要创业。因为如果没有找到合适的伙伴就贸然创业，危害很大。比如，没有强力的技术专才，企业的发展很可能后劲不足；没有懂得市场营销的人才，公司的发展将举步维艰；合作伙伴性格上合不来，在创业激情过后、挫折或考验来临之时，也将是团队散伙之日。

那么，我们应该怎样去寻找创业的合作伙伴呢？

## ❋ 寻找创业合作伙伴的方法与途径

| 准备工作 | 深入了解自己（优势与不足、价值观、发展理念、个性），想清楚自己的创业方向，对合伙人的需求（资源、能力等）。 |

| 寻找伙伴 | 从自己周围以及创业圈子中寻找，积极从自己的人脉关系网中扩散自己的需求，积极参加各类创业活动，积极寻找合适的伙伴。 |

| 磨合观察 | 寻找到人选并不等于工作完成，而要在具体的实际工作中积极进行磨合，看看企业和团队是否能顺畅运作。 |

> ★ 了解自己非常必要，如果你对自己没有客观认识，那么就很难找到与你目标一致并能与你很好共事的人。
>
> ★★ 你的人脉是最好、最快寻找到合适人选的地方，要合理并充分利用自己的人脉与关系。
>
> ★★★ 磨合期的阵痛难以避免，遇到争执要学会对事不对人，只有同心协力，才能赢得"比赛"。
>
> 小贴士 TIPS

# 6.2 ◇ 怎样组建高效团队

引导案例

# 黑青稞地走出的创业团队

> 来源：中国教育报，《第六届大学生"双创"大赛金奖获得者拉东才索南团队》，编者有修改

扬州工业职业技术学院毕业生拉东才索南和团队的"雪域高原黑珍珠——优质高产黑青稞种植及产业化"项目，在第六届中国国际"互联网+"大学生创新创业大赛总决赛上斩获金奖。消息传回他的家乡时，村民们在黑青稞种植基地里跳起了古老的卓根玛舞，一起庆祝这个好消息。

2019年，拉东才索南所带领的团队营收已超过1000万元，带动44户建档立卡贫困户脱贫，人均增收6500元。从校园到乡村，这个藏族青年把梦想的种子播撒在高原。"我们创业的初心就是扎根在青藏高原，做黑青稞产业的引领者，把幸福的滋味带进千家万户。"拉东才索南说。

## 一、让乡亲们捧上"金饭碗"

2010年4月14日，青海省玉树藏族自治州发生7.1级地震。家在玉树州囊谦县，当时正在读高二的拉东才索南从地震中幸存下来，面对身边倒塌的房屋和逝去的生命，年少的拉东才索南对生命的意义有了更深刻的认识。

在全国各地支援下，曾经满目疮痍的玉树经过重建重获新生。拉东才索南也完成了高中学业，考上了大学，成了村里第一个大学生。

大学期间，走出大山的拉东才索南开了眼界，长了见识，心里也多了一份牵挂。"家乡好山好水，宝贝多着呢，可乡亲们的腰包一直鼓不起来。我能做些什么呢？"在拉东才索南看来，家乡不缺好的资源，缺的是能带头创业致富的人。"学到真本事，让乡亲们过上更好的日子。"拉东才索南把这个梦想悄悄埋在心里。

2016年从扬州工业职业技术学院毕业后，带着大学时创业攒下的本钱，拉东才索南回到家乡准备创业。"看着吧，我要让乡亲们都能捧上'金饭碗'。"面对家人的反对，拉东才索南坚定地说。

**二、黑青稞地走出的创业团队**

拉东才索南的家乡是黑青稞的重要产地，黑青稞含有丰富的β-葡聚糖，具有调节血糖、降低胆固醇等作用。但一直以来，种植难、产量低、产业化落后、经济效益不好等因素限制着黑青稞的种植规模。

拉东才索南为自己勾画了一幅创业蓝图：一是种出优质高产的黑青稞；二是实现黑青稞的精深加工，走产业化之路。说干就干，他找来儿时的几个伙伴，开始了在黑青稞地里的摸爬滚打。

种植黑青稞并不是一件容易的事，好的种子哪里来？好的技术哪里来？怎么调动农户种植黑青稞的积极性？创业之初，拉东才索南就深刻体会到其中的艰难，这些问题如果不解决，后面就很难进一步做出好的黑青稞产品。而要解决这些问题，当务之急就是要完善自己的创业团队，在各个技术领域上都找到"合适的伙伴"。

在他最艰难的时候，他想到从母校一定能找到专业人才。在母校帮助下，拉东才索南顺利地组建了分工明确的团队，并突破了黑青稞育种育苗、土壤改良、抗倒伏、病虫害防治、产品精深加工、市场开拓等各个环节的一系列难题。学校还专门成立了一个指导团队，为他们提供全程全方位的指导和帮扶。"拉东才索南是一个有梦想的人，母校应该尽量帮他实现梦想。"扬州工业职业技术学院教师钱俊第一次带队见到拉东才索南时就感觉这是个靠谱的小伙子。在多方努力下，拉东才索南和团队的创业之路越走越顺,对未来也越来越有信心。"如果没有学校的帮助,我们的创业之路可能早就止步了。"拉东才索南说。

如今,拉东才索南和团队创建的卓根玛公司已经拥有一级黑青稞种植基地1500亩,并初步实现了从田间管理到精深加工的产业化布局,公司生产的黑青稞糌粑、黑青稞酒等产品深受消费者欢迎。其中,主打产品黑青稞酒把古法工艺和现代技术相结合,解决了黑青稞出酒率低、品质不稳定的难题。

**三、向更多人传递创业梦想**

拉东才索南说创业的初衷并不仅仅是要让自己和乡亲们的腰包鼓起来,更是想通过创业向家乡的年轻人传递一种为了梦想而奋斗拼搏的精神。这几年,拉东才索南从创业收入中拿出很大一部分,前后搭建了玉树市青年创业联盟、囊谦众创空间、囊谦青年创业联合会等创业平台。他表示,一路走来的创业经验让他更深知"人才"和"团队"的重要性,没有身边的这些小伙伴,就没有今天的卓根玛公司和一系列成绩。

在拉东才索南与伙伴的努力下,这些平台培养了一批批创业人才,也吸引了越来越多当地年轻人回乡创业。拉东才索南使出浑身解数,在当地前后培育孵化出20余家成长性好的企业,为弘扬创业创新文化、带动当地青年创业就业、促进地区经济发展作出了突出贡献。2019年,囊谦众创空间获评青海省省级众创空间。

拉东才索南说,自己最有成就感的一件事是成为母校的创业导师,"是学校帮我圆了创业梦想,我也很想把希望带给更多学弟学妹"。他希望帮助母校培养更多"创业人才",让更多致力于创业的学弟学妹们可以从母校组建起自己的团队。

## 高效团队是怎样炼成的

每个创业者都希望有一个得力高效的团队。但一个优秀的团队并不是那么简单就能组建成功的,这里面需要耗费创业者大量的心血和努力,但大量案例证明,这些付出是完全值得的。

我们首先需要认识创业团队,并了解高效创业团队的特点。然后,我们需要学会如何自己组建一个高效的创业团队,为我们的初创企业打下一个坚实的基础。

创业者并不是孤胆英雄,而应该是一位眼界开阔、胸怀广博的统帅。创业团队就是他率领的良将,也是初创企业赖以生存和发展的最大保证。一个优秀的团队,必然能经历风雨洗礼,有坚韧的态度、实干的精神和超强的凝聚力,从而推动创业事业向着成功迈进。

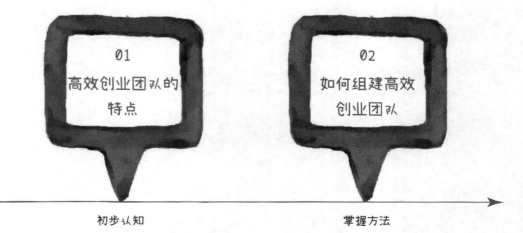

知识链接

# 知识点 ❶：高效创业团队的特点

创业团队是在创业起始阶段，包括企业成立前和成立早期，由目标及理念一致、职责明确、责任共担的人所组成的群体。

在注册公司之前，创业者就应该组建好创业团队。一个好的创业团队对初创企业的发展壮大极为重要。在当今社会，单打独斗的创业者已经很难存活，组建团队是必然的选择。创业团队的凝聚力、合作精神、立足长远目标的敬业精神会帮助新创企业度过危难时刻，加快成长步伐。另外，团队成员之间的互补、协调以及与创业者之间的补充和平衡，能对新创科技型企业起到降低管理风险、提高管理水平的作用。

| 01 有明确可行的目标 | 02 能力互补 | 03 凝聚力强 | 04 致力于创造企业价值 |
|---|---|---|---|
| 只有具备一个明确的目标，才会让所有人齐心协力，使团队发挥最大潜能。 | 能力互补使团队成员能发挥各自长处，也使得团队更富有战斗力。 | 凝聚力是团队成功的根本保证，一盘散沙是无法成就事业的。 | 创造企业价值是所有创业团队的追求，也是团队成就感的最大来源。 |
| 05 良好通畅的沟通 | 06 对企业的长期承诺 | 07 经营成果共享 | 08 股权分配公平合理 |
| 良好顺畅的沟通是团队合作的基础，能让团队工作更加顺利地开展。 | 承诺是富于责任感的表现，没有责任感的团队很容易被挫折击败。 | 经营成果是团队成员的共同奋斗目标，共享成果会激励团队积极努力。 | 公平公正的股权分配能保持和谐的团队氛围，使团队避免不必要的纷争。 |

☆ 推荐阅读：读吴晓波《腾讯传》，深入了解"腾讯五虎将"的创业团队的特点及在企业发展中的作用，写出自己对创业团队的理解和认识。

# 知识点 ❷：如何组建高效创业团队

组建一个高效的创业团队是每个创业者追求的目标。对创业者来说，高效的创业团队并非是可遇不可求的。只要目标清晰、方法得当，就可以组建一个优秀的创业团队。

### 确立清晰明确的创业目标

创业目标需要体现出团队成员的利益，同时也要所有团队成员都能正确理解，并在团队内部达成共识。此外，创业团队的目标还必须切实可行，既不应太高，也不应太低，可以把总目标加以分解，设定若干可行的、阶段性的子目标。目标也要随着环境和组织的变化及时调整。

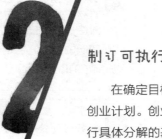

### 制订可执行的创业计划

在确定目标之后，需要制订周密的创业计划。创业计划是在对创业目标进行具体分解的基础上，以团队为整体来考虑的计划，创业计划确定了在不同的创业阶段需要完成的阶段性任务，通过逐步实现这些阶段性目标来最终实现创业目标。

### 招募合适的成员

招募合适的成员是创业团队组建的关键一步。一般而言，创业团队至少需要管理、技术和营销三个方面的人才。团队人数不宜过多，同时成员之间需要优势互补，这是保持创业团队稳定的关键。缺乏创业激情和对事业没信心的成员，即使能力很强，也是团队的负能量源头，不宜招入。

### 职权划分合理明晰

团队成员间职权的划分必须明确,既要避免职权的重叠和交叉,也要避免无人承担造成工作上的疏漏。此外,由于还处于创业过程中,面临的创业环境又是动态复杂的,会不断出现新的问题,团队成员可能会不断更换,因此创业团队成员的职权也应根据需要不断地进行调整。

### 制定完善的团队制度

创业团队制度要体现对成员的控制和激励作用,并以书面形式确立。一方面,创业团队需要有完善的约束制度(包括纪律、财务、保密等条例),避免成员做出不利于团队发展的行为。另一方面,创业团队需要有有效的激励手段(包括股权、工资、奖金、个人成长等),激发成员最大潜能。

### 团队的调整改进

随着团队的运作,团队组建时在人员匹配、制度设计、职权划分等方面的不合理之处会逐渐暴露出来,这时就需要对团队进行调整。在进行团队调整融合的过程中,最为重要的是要保证团队成员间经常进行有效的沟通与协调,培养强化团队精神,提升团队士气。

 拓展阅读

**去哪里寻找创业团队**

# 6.3 初创企业的股权设计

# 直播跨界融合，他们靠一条藤逆袭

来源：编者整理撰写

汤奎，上海工商职业技术学院大唐信息技术学院计算机应用专业毕业生，现任苏州万顺合电商有限公司、安徽穆医堂医疗科技有限公司联合创始人。其公司成立于2020年，目前在职员工200余名，办公地点遍布苏州昆山、杭州、安庆、南京等地市，公司主营类目有二类医疗器械、OTC药品、传统滋补品等，其医疗器械项目年销售额过亿，是一家深耕大健康赛道的公司，也是集产品研发、生产、营销、服务为一体的综合性企业。其中扶农助贫的藤茶项目，获得了央视CCTV-13的报道宣传。

**跨界融合：突破思维边界，激活电商市场的新动力**

来凤藤茶有着悠久的历史，最早被称为古茶钩藤，《诗经》中早有记载。唐朝茶坛宗师陆羽在《茶经》里将其命名为藤茶，后人将此美名一直沿用至今，在没有借助互联网平台的时候，来凤当地的藤茶销路有限，展销会是一个重要方式。近两年受到新冠疫情影响，很多线下活动都难以进行，好产品始终没有路径输出。但随着直播电商时代的到来，抖音等手机直播渠道成为许多人的购物途径之一，它打破了传统销售模式的限制，让来凤藤茶以最快、最直接、最立体的方式呈现在全国朋友面前。

2021年，做广告出身的汤奎和他的联合创始人李政翰相识，两人在产品的销售方式上一拍即合，当即就把藤茶带到抖音电商，让藤茶有了更广阔的天地。电商思维的介入，打破了城市与农村、留守老人与外出务工年轻人之间的厚墙。产品进入抖音电商后，销售额激增，单日最高销售量破5000单，累计销售额破千万。而这样的销售额，对于大山里面的单一农产品来说，是一个很惊人的数字。"主播"王方大姐更是做梦也想不到自己在50岁的时候，成了抖音直播间的网红。王方说，年龄不重要，因为她永远有一颗年轻的心。她自己也非常喜欢抖音平台。她组织过厂里的土家族姑娘穿上民族服饰在抖音拍短剧，介绍来凤、介绍藤茶。新冠疫情期间，汤奎团队借助抖音电商的"山货上头条"项目让农民能够接触到外面的世界，让农民也有了一个商机，让山沟沟里的好东西也能走向全国。

**披荆斩棘：开启全新商业生态链的黄金时代**

汤奎团队刚开始入驻抖音的时候，最主要的还是人员和流量问题，怎样才能打开流量密码？怎样才能让藤茶被更多的人看到？在入驻抖音前，当地的藤茶种植农户也有很多，但是因为销路问题，一直处在局限于周边城市之间的自产自销状态，行业发展非常困难，主要包括：种植分散不成规模、市场局限性导致销售困难、藤茶企业和种植户不能完全实现独立自给、政府扶持压力大等。随着销量出口的打开，这些问题都得到了解决。据了解，汤奎团队也进行了市场调研与行业分析，其团队通过直播短视频介绍来凤藤茶的历史和藤茶特殊的种植以及加工过程，同时聚焦字节跳动公益与抖音电商共同支持推出的"山货上头条"项目，打通乡村"人""货""场"闭环，帮更多优质达人商家和农民们一起打造农产品品牌，拓宽流通渠道，将藤茶呈现在更多茶友面前，让更多人认识藤茶、接受藤茶。直播跨界之路重重突破，经过不懈努力，汤奎团队借助"抖音+农户"形式，层层筛选出来最优秀的主播，虽然最开始的时候月销量只有2000至3000单，但随着越来越多像王方大姐一样的第一代藤茶人成为"主播"，现在能做到一天3～4千单，一个月至少500万元销售额的成绩。更值得一提的是，团队帮助当地解决了50多户农民的就业问题，让农民不出远门就能挣钱，甚至在合作社工作的阿公阿婆的年收入都能够达到6万元左右，比以前提高了2～3倍，并且开始逐渐吸引年轻人回乡围绕"来凤藤茶"等家乡特产"打拼"。

**合伙模式：要和自己互补的人实现同频共振**

汤奎团队将直播跨界融合，借力互联网平台的信息流动，让"山货上头条"，让农民和用户互相找到自己所需要的信息，从而创造、生产出新的价值。电商的帮助让藤茶销量越来越好，也激励了很多青年参与到家乡特产的制作和销售中，让他们发现了数字时代消费蕴含的巨大潜力。回顾创业初期，汤奎和其联合创始人在企业组建、发展过程中扮演核心角色于分工明确，每个合伙人都有自己的职责和权益，在自身特长和所具有的资源上能够优势互补，这对企业发展壮大起到了核心推动作用。在股权设计时，他们共同考虑了投资额、风险承担、贡献度等因素，充分协商后订立了利于长远发展的公司架构设计。基于各自的优势，在不同领域进行资源共享，并快速推动公司各项事务走向成熟。借助数字工具助农，不管是当地农民，还是大学生毕业生，都可以在广阔天地里大有作为。

## 股权：需要创业者认真对待

股权的分配是创业者必须认真思考的问题，在融资的时候股权的变动同样需要创业者熟稔于心。股权不仅仅是利益的象征，也是责任的象征。

我们首先需要了解什么是股权，以及法律意义上股权的内容。然后我们需要掌握创业团队中股权分配的方法和原则，以便我们在创立企业时作出合情合理的分配。最后我们需要了解股权在不同轮次融资时的稀释，以及如何计算股权的变更。

创业者对股权的变更应该有一个清晰的概念与认知，深入理解企业发展与融资、股权稀释的关系，并适当了解投资人的需求，以期助力初创企业的发展。

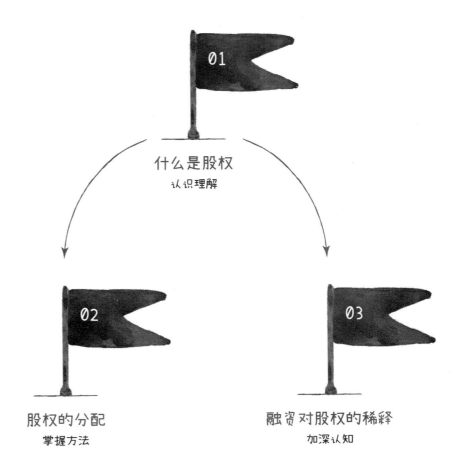

# 知识点❶：什么是股权

股权，即股东对所投资的股份公司所享有的权益。一般而言，公司是合资而成的经济组织，不论自然人还是法人都可以成为股东。在股权主体问题上，有两点需要注意：其一是公司不能成为自己的股东；其二是股权的主体可以不止一个，即当同一股份或出资为两个或两个以上的股东共同拥有时，就形成了股权的共有。

那么，股权到底包括哪些内容呢？下面我们来看一看。

## ❀ 股权的内容

**01 投资受益权**

投资受益权是股东按照出资或所持股份向公司要求分配盈余的权利，这是股东的基本权利。

**02 表决权**

表决权是股东按照其持股比例对公司的重大事项行使决策权，由大股东会对公司的重大问题做出决定。

**03 选举管理权**

股份有限公司中，股东不参加公司的管理，公司的管理是由股东会选举的董事会实施。

### 建议与质询权
股东有权对公司的经营提出建议或者质询。

### 知情权
股东有权查阅财务会计报告、公司章程和股东大会会议记录。无论何种形式，公司均有义务提供。

### 股权或出资的转让
股东原则上具有转让出资的权利，而对不同形式的公司的出资或股份转让，有不同的法定条件。

### 剩余资产分配权
股东对公司清算时的剩余资产有分配的权利。

### 优先认股权
对转让出资的优先购买权和发行新股的优先认购权。

### 诉权
诉权是指股东的权利受到损害时，有权向法院提起诉讼，以保障其股权。

# 知识点 ❷：股权的分配

股权的分配是创业团队的核心议题。创业团队的股权架构应该如何设计呢？这个问题包含：什么人可以参与股权分配、股权如何分割、股权分配需要考虑的因素、合伙人股权的成熟机制及合伙人特殊原因退出机制安排等几个方面。

### ❀ 什么人不适合参与股权分配？

只有合伙人才能参与股权分配，下面的几类人并不适合参与股权分配。

#### 01 非资金投入的兼职者

创业是长期的事业，需要全身心投入，非资金投入的兼职者，是不适合当合伙人并分配股权的。

#### 02 存在不确定性的资源提供者

部分项目启动需要资源。如果是存在不确定性的资源提供者，不宜作为合伙人。对于这部分资源，在初期可以以顾问的形式取得。

## ❊ 股权分配的原则与依据

1. 出资比例。如果所有合伙人都同意按比例出资，各方资源优势基本相当的，可以直接按出资比例分配。
2. CEO 应取得相对多的股权。因为 CEO 是合伙事业的灵魂，CEO 取得相对多的股权有利于创业项目的决策和执行。
3. 综合评估每个合伙人的优势。如客户资源相对技术重要，则技术提供者应占有相对多的股权，反之亦然。
4. 科学评估每位合伙人在初创过程中各个阶段的作用。每个合伙人的作用不一样，股权安排应充分考虑这一点。
5. 必须要有明显的股权梯次，绝对不能采用均等的比例。如三个合伙人，可以按 5∶3∶2 的比例分配。

---

### 03

**专家顾问**

部分创业项目需要特定专业的顾问，但有些顾问会提出不收顾问费而换取股权的要求，这会导致一个并不参与经营决策的人占有股权，股权未发挥其作用。

---

### 04

**早期员工**

早期的股权非常珍贵，不能轻易送出，且员工并不一定认同初创公司的股权，起不到激励作用。如果用股权抵工资，往往会起到反效果。

---

### 05

**不认同发展理念的人**

创业过程中，因为各种原因，中途退出的案例很多。股权给一个不可靠的合作者，其退出时带来的损失是巨大的。

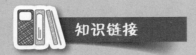

## 知识点 ❸：融资对股权的稀释

股权稀释是指当企业在追加投资时，前期投资者的股票所包含的资产值被稀释了，即股权稀释。简单来说，就是因为有新的投资者进入，资金池变大，而前期投资者的股权就相对减少了。

### ❊ 某企业的股权稀释

初创企业的融资与发展可以分为几个阶段：最开始是创业者自行投入，随后是天使轮投资，经过基本验证，具有了可行性之后是 A 轮融资；发展了一段时间，觉得势头不错，开始 B 轮融资；继续发展下去，看到上市希望，开始 C 轮融资；时机成熟可以上市，进入 IPO 上市阶段，投资人套现离场。

**拓展阅读**

**出钱多的一定就是大股东吗？**

在下面这个案例中，从设立股权池开始，公司总股份会从李同学和张同学手中每次分出去20%，而李、张两位同学保持起始阶段的股权比例（3∶2）。在实际融资过程中，创业公司跟风投机构在一定程度上处在不平等的地位，因此风投所占股份很可能会超过20%，如果这样经过多轮融资，创始人的股份甚至会被稀释到10%以下。

| 股权所有者 | 公司初创期 | 天使投资人要求设立股权池 | 天使轮 | A轮 | B轮 | C轮 | IPO |
|---|---|---|---|---|---|---|---|
| 李同学 | 60.0% | 48.0% | 38.4% | 30.7% | 23.0% | 18.4% | 14.7% |
| 张同学 | 40.0% | 32.0% | 25.6% | 20.5% | 15.4% | 12.3% | 9.8% |
| 股权池 | | 20.0% | 16.0% | 12.8% | 9.6% | 7.7% | 6.1% |
| 天使投资人 | | | 20% | 16.0% | 12.0% | 9.6% | 7.7% |
| A轮投资人 | | | | 20.0% | 20.0% | 16.0% | 12.8% |
| B轮投资人 | | | | | 20.0% | 16.0% | 12.8% |
| C轮投资人 | | | | | | 20.0% | 16.0% |
| IPO | | | | | | | 20.0% |
| 合计： | 100% | 100% | 100% | 100% | 100% | 100% | 100% |

# 第 7 章
# 整合创业资源

- 7.1 创业需要的资源
- 7.2 各类资源的获取途径

# 7.1 ◆ 创业需要的资源

## "襄湘辣"：种出红火的日子

来源：搜狐网相关新闻报道，编者有修改

让辣椒生产、加工、销售智慧化、智能化，这是襄阳职业技术学院杨利华和老师的共同探索，而今已获得成功：种植面积从150亩发展到15000亩，年营收近2600万元，成为鄂西北辣椒大王，入选教育部"闪亮的日子，青春该有的模样"典型案例。在第七届中国国际"互联网+"大学生创新创业大赛湖北省复赛中，杨利华的项目一举夺得金奖。

**智慧化的"辣椒产业学院"：向着辣味进发**

杨利华是新疆某部队退伍军人，"白草斜连古战场"的爱国情怀从艰苦守边，一直延续到退伍回乡。退伍之后，他在健康产业、电商产业打拼一番后，于2017年回到省级重点贫困村——襄州区朱集镇雷庄村，创办了"汉江绿谷辣椒种植专业合作社"，种植辣椒。

在杨利华看来，辣椒市场大，好保存，近年来，全球吃辣人群超过25亿人，辣椒全球交易额超过2800亿元。

种下辣椒之后，杨利华很快感受到了巨大的压力：贵州遵义满天星生产规模已占全国产量的20%以上；河南柘城三樱椒是全国最大的辣椒产业基地，重要的辣椒种植、集散、加工基地和价格形成中心。这两个地方的辣椒品质好、价格优势明显，襄阳辣椒在市场上很难脱颖而出。

一捧肥土，一串辣椒，杨利华举步维艰，他由此被呛醒：干农业，没有智慧，是万万不行的。

2019年，杨利华通过"一村多名大学生计划"进入襄阳职业技术学院就读，梦想再次启航：襄阳职业技术学院和他共建汉江流域辣椒产业研究院。

杨利华负责建设基地和合作社，网络农民成为合作社员等；学校负责派出专业团队，搭建种苗智慧生产、田间鲜椒溯源、专家系统咨询的智能化"一站式"服务，帮扶农户、合作社等规模化、标准化种植，选育出适宜鄂西北岗地种植优质辣椒新品种，解决鲜干无标准、技术不规范、运输保鲜差的难题，形成产业优势。

**数据化的辣椒种植：形成了火红的种植基地**

汉江流域辣椒产业研究院成立后，杨利华和老师调取了贵州、河南、湖南等辣椒主产区的气候环境数据，并和襄阳进行比对。而后将全国辣椒优良品种引进到襄阳，进行驯化、选育。

经过努力，他们选育出了3个优秀品种，取名"襄湘辣"！一年可收获三茬，亩产可达2500公斤，是普通辣椒产量的两倍多。

有了好品种，农民的种植积极性大为提高：杨利华创办的合作社吸引了当地500多名农户加入，种植面积很快扩大到1万亩以上。

新的问题很快摆在人们的面前：种苗成本居高不下；种植技术各不相同；辣椒产量、质量和期望值仍有差距；辣椒加工量增大以后，质量如何保证？

问题，其实就是智慧迸发的新机遇。杨利华和老师们又开始进行了联合攻关：

——汉江流域辣椒产业研究院进行种苗培育研究。建成智能化育苗温室8栋5260平方米，配备农田气象站2个，水肥一体化设施3套，安装农田高清摄像头28个。4年来，种苗育苗成本下降40%，种苗成活率提高30%，单株产量提高了18%，优质品率提高16%，产出比增加30%以上。

——研制出了适宜鄂西的种苗基质配方、绿色栽培技术规程、贮藏保鲜技术标准等完整的标准化生产体系。襄阳朝天辣种苗智能化培育及优质生产标准研究与示范项目，列为襄阳市2020年重点科技计划项目。

——利用襄阳职院建成的国家级星创天地——沃野星创空间建设了18个农技小院，覆盖54个村进行技术推广，为社员免费提供辣椒种植技术咨询服务。

——研发了鲜辣椒自动清洗装置、辣椒皮籽分离装置、加工粉碎机、磨粉机，建成辣椒加工库房1800平方米，筛选设备3台套，中型烘干设备2台套。使产出比提升30%，优质品率提高16%。

**个性化的辣椒全网销售：襄阳辣椒进入贵州**

如果把辣椒卖到贵州，就相当于进入了全国辣椒的"圣地"，襄阳辣椒产业就会有异常广阔的空间。这是杨利华和老师们的梦想。

为此，他们一方面对社员基地采收的鲜椒进行抽检，合格者收购入社，统一烘干、色选分级、分类包装入库；另一方面，他们多方联系，带着襄阳辣椒和检验报告，请"贵州老干妈"的采购方进行鉴定。最终，他们顺利通过，并且供货"贵州老干妈"！而后，杨利华他们又拿到了周黑鸭、康师傅等大企业的订单。

在襄阳市场，杨利华同样在"攻城略地"：与武商百货襄阳公司、好邻居超市、四季青农贸市场等数十家连锁超市进行深度交流与合作。

在市场打拼中，杨利华和团队根据消费者喜好，将干椒洁净、切丝、切段并独立进行包装销售；研制了襄湘辣、襄辣坊2个品牌的辣椒酱，自营销售。

此外，他们运用"新媒体营销"，运行了2个公众号、抖音短视频，现已有粉丝10万多人，使得辣酱产品从19.36万元的销售额增长到2020年的92.28万元，增速达376.6%。

目前，杨利华在老师的帮助下，已从退伍小兵成长为辣椒大王，合作社员由5人发展到157人，种植面积从150亩发展到15000亩，从朱集镇雷庄村辐射到4省20县市区30个乡镇。"襄湘辣"辣椒成为中国优质农产品3A级诚信供应商，2020年营收达2564.12万元，直接带动创业824人，直接带动就业1411人，间接带动就业31042人，组织捐赠150万元。

杨利华2019年被评为襄州区脱贫攻坚致富带头人，2021年入选教育部"闪亮的日子，青春该有的模样"典型案例。"襄湘辣"项目打造的"三农"文化体系、技术支撑体系、品质管理体系、高素质农民培训体系、多元销售体系等辣椒生产的五大保障体系，已被列入襄阳市科技局重点科技计划。

## 不可或缺的创业资源

创业需要各类资源的支持，比如人才、资金、管理等，这些资源对于创业活动的顺利开展至关重要，可以说缺一不可。

我们首先需要了解什么是创业资源，并对大学生创业通常所缺乏的资源进行了解。然后我们需要进一步了解创业资源的类别，以及如何获取这些资源。

创业资源对创业者的重要性就如阳光对植物一样。我们需要充分了解创业资源及其重要性，为后面"资源获取途径"相关知识的学习打下一个好的基础。

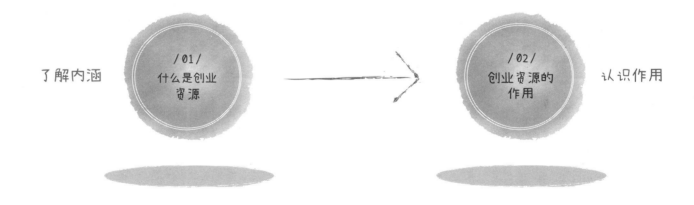

# 知识点❶：什么是创业资源

创业资源是指新创企业在创造价值的过程中需要的特定的资产，包括有形与无形的资产，它是新创企业创立和运营的必要条件，主要表现形式为：创业人才、创业资本、创业技术和创业管理等。

## ❋ 大学生创业的资源需求

对大学生而言，创业所需要的资源很多。但资源的多少并不是创业成败的决定性因素，获取资源的能力才是对大学生创业的考验。

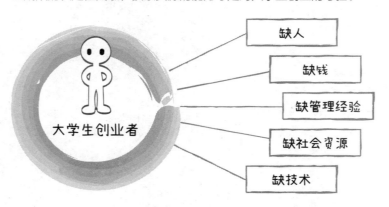

看上去大学生创业似乎是"一穷二白"，什么资源都没有。但实际情况并非如此。我们在学校就是锻炼自己、拓展资源能力的最佳时期。比如，刚入学时的学生几乎没有任何社会资源和经历，但在暑期打工和企业实习的过程中则可以有所收获；技术也是一样，可以通过校内校外的学习获得；而管理经验则可以通过社团或者学生组织的管理来体悟，了解一些初步的管理方法及其效果，等等。如果立下了创业的决心，我们就必须时刻关注创业的资源，并积极锻炼自己获取资源的能力。

从定项目到找资源，这位投资人手把手教你如何创业

# 知识点 ❷：创业资源的作用

对创业者而言，获取创业资源的最终目的是组织这些资源，利用好创业机会，获得创业的成功。而无论是哪种资源，无论它们是否直接参与和影响企业的运营，它们的存在都会对创业的过程产生积极的影响。

## ❀ 创业资源的作用

创业资源对创业的影响是巨大的，不管是人才、资金、技术，还是管理和社会资源，都能给创业带来很大的推动作用。我们下面列举了几项常见的创业资源，一起来看看它们的作用。

创业资源

| 人才 | 资金 | 管理 | 市场 | 技术 |
|---|---|---|---|---|
| 人才是企业的基石，也是企业发展最重要的保证。没有优秀人才的加盟，初创企业将很难度过创业初期的艰难。 | 资金是一个企业的"血液"。没有启动资金，企业就无法创立。企业运营时没有资金的支持，企业也将难以为继。 | 科学的管理方法是创业者和团队成员必备的技能。好的管理者能带领企业闯过艰难险阻，保持强大的战斗力。 | 没有市场，企业将无法生存。初创企业的市场资源多来自于人脉关系或是自身的开拓。 | 技术是企业的宝贵资源，也是企业开拓市场的保证。对初创公司而言，技术也可能是获取投资的重要依据。 |

# 7.2 ◆ 各类资源的获取途径

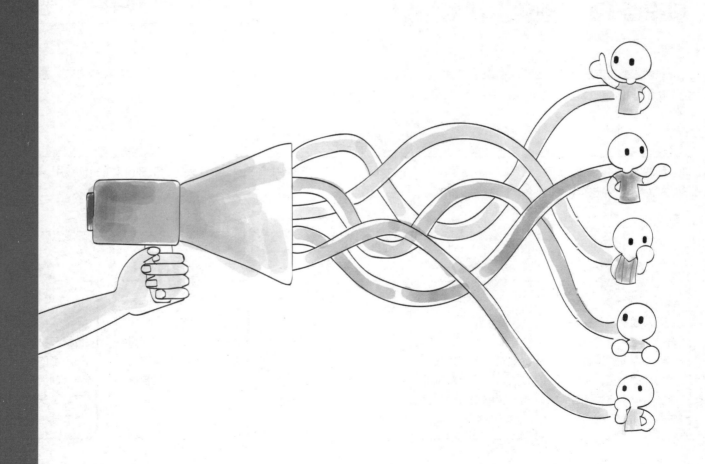

# 第7章/整合创业资源

引导案例

# 高校毕业生自主创业有哪些政策支持？

> 来源：根据国家相关政策梳理汇总，具体务必参考"当地当年度"政策

## 国家关于鼓励大学生自主创业政策（具体请参考"当地当年度"政策）

### 一、税收优惠政策

1. 高校毕业生在毕业年度内创办个体工商户的，可按规定在3年内以每户每年12000元为限额（最高可上浮20%，具体由各省、自治区、直辖市人民政府根据本地区实际情况确定）依次扣减其当年实际应缴纳的增值税、城市维护建设税、教育费附加、地方教育附加和个人所得税。

2. 对高校毕业生创办小微企业的，可按规定享受小微企业普惠性税费政策；创办个体工商户的，对其年应纳税所得额不超过100万元的部分，在现行优惠政策基础上减半征收个人所得税。

### 二、担保贷款和贴息政策

3. 创业担保贷款和贴息支持：可在创业地申请创业担保贷款，最高贷款额度为20万元，对符合条件的个人合伙创业的，可根据合伙创业人数适当提高贷款额度，最高不超过总额的10%。对10万元及以下贷款、获得设区的市级以上荣誉的高校毕业生创业者免除反担保要求；对高校毕业生设立的符合条件的小微企业，最高贷款额度提高至300万元，财政按规定给予贴息。

4. 创业担保贷款申请程序：申请创业担保贷款贴息支持的个人和小微企业应向当地人力资源和社会保障部门申请资格审核，通过资格审核的个人和小微企业，向当地创业担保贷款担保基金运营管理机构和经办银行提交担保和贷款申请，符合相关担保和贷款条件的，与经办银行签订创业担保贷款合同。

### 三、资金扶持政策

5. 免收有关行政事业性收费：毕业 2 年以内的普通高校毕业生从事个体经营的，3 年内，免收管理类、登记类和证照类等有关行政事业性收费。

6. 求职创业补贴：对在毕业学年有就业创业意愿并积极求职创业的低保家庭、贫困残疾人家庭、原建档立卡贫困家庭和特困人员中的高校毕业生，残疾及获得国家助学贷款的高校毕业生，给予一次性求职创业补贴。

7. 一次性创业补贴：对首次创办小微企业或从事个体经营，且所创办企业或个体工商户自工商登记注册之日起正常运营 1 年以上的离校 2 年内高校毕业生，试点给予一次性创业补贴。

8. 享受培训补贴：对大学生在毕业年度内参加创业培训的，按规定给予培训补贴。

### 四、工商登记政策

9. 简化注册登记手续：创办企业，只需填写"一张表格"，向"一个窗口"提交"一套材料"，登记部门直接核发加载统一社会信用代码的营业执照，"多证合一"。

### 五、户籍政策

10. 取消落户限制：高校毕业生可在创业地办理落户手续（直辖市有关规定执行）。

### 六、创业服务政策

11. 免费创业服务：可免费获得公共就业和人才服务机构提供的创业指导服务。

12. 技术创新服务：各地区、各高校和科研院所的实验室以及科研仪器、设施等科技创新资源可以面向大学生开放共享，提供低价、优质的专业服务。

13. 创业场地服务：鼓励各类孵化器面向大学生创新创业团队开放一定比例的免费孵化空间。政府投资开发的孵化器等创业载体应安排 30% 左右的场地，免费提供给高校毕业生。有条件的地方可对高校毕业生到孵化器创业给予租金补贴。

14. 创业保障政策：加大对创业失败大学生的扶持力度，按规定提供就业服务、就业援助和社会救助。毕业后创业的大学生可按规定缴纳"五险一金"。

### 七、学籍管理政策

15. 折算学分：各高校要设置合理的创新创业学分，建立创新创业学分积累与转换制度，探索将学生开展自主创业等情况折算成学分。

16. 弹性学制：学校可以根据情况建立并实行灵活的学习制度，可放宽学生修业年限，保留学籍休学创新创业。

教育部高校学生司

教育部学生服务与素质发展中心

## 上海普通高校毕业生自主创业政策
（具体请参考"当地当年度"政策）

### 一、创业团队孵化场地费补贴

1、什么样的创业团队可以申请"创业团队孵化场地费补贴"？

经认定的市级创业孵化示范基地成功孵化的创业团队（含个人）。

2、申请条件有哪些？

(1) 2018年12月1日之后，创业团队入驻市级创业孵化示范基地孵化，签订书面孵化场地租赁协议，并支付工位费用；

(2) 创业团队负责人在孵化协议期内成功创办小微企业、个体工商户、民办非企业、农民合作社等四类创业组织且担任法定代表人（负责人）或合伙人。

3、补贴标准是多少？最长可以补贴多久？

补贴以创业团队入孵之日起到创业组织注册登记之间实际承担的孵化场地费为限，最长不超过6个月。每个团队补贴标准最高不超过10000元。补贴支付到创业组织单位账户。

### 二、首次创业一次性补贴

1、上海"首次创业一次性补贴"，哪些人可以申请？

"首次创业一次性补贴"的申请对象需符合下列条件之一：

(1) 毕业两年以内的具有本市户籍的高校毕业生；

(2) 本市人社部门认定的本市户籍就业困难人员。

2、需要符合什么申请条件？

申请时需同时满足以下条件：

(1) 2018年12月1日之后在本市首次注册创办小微企业、个体工商户、农民合作社、民办非企业单位等创业组织且担任法定代表人或负责人；

(2) 注册成功后经营满一年；

(3) 该创业组织至少为一人缴纳城镇职工社会保险费满6个月，其缴费单位须与登记就业单位、申请补贴单位相一致。

3、"首次创业一次性补贴"的补贴标准是多少？

补贴标准为一次性补贴8000元。

### 三、初创期创业组织社会保险费补贴

1、哪些创业组织可以申请"初创期创业组织社会保险费补贴"？

在本市注册登记三年以内的小微企业、个体工商户、农民合作社、民办非企业单位等创业组织。

2、需要满足什么申请条件？

(1) 创业组织法定代表人或负责人为本市户籍劳动者，或持有《上海市居住证》《港澳台居民居住证》《上海市海外人才居住证》或《出国留学人员来沪投资享受优惠资格认定证书》的非本市户籍劳动者；

(2) 创业组织吸纳劳动者就业满6个月；

(3) 小微企业、个体工商户、民办非企业单位等创业组织按规定为吸纳就业人员缴纳城镇职工养老保险、医疗保险、失业保险、工伤保险、生育保险；农民合作社按规定为吸纳

就业人员以集体参保方式缴纳城镇职工基本养老保险、医疗保险。

（4）创业组织社保缴费单位须与登记就业单位、申请补贴单位相一致；

3、补贴标准如何计算？

（1）小微企业、个体工商户、民办非企业单位等创业组织按本市当月职工社会保险缴费基数的下限作为基数计算的养老、医疗和失业保险缴费额中用人单位承担部分50%的标准给予补贴；

（2）农民合作社按本市当月职工社保缴费基数的下限作为缴费基数计算的养老和医疗保险缴费额50%的标准给予补贴；

（3）每个创业组织可按吸纳本市劳动者就业且缴纳城镇职工社会保险费核定补贴人数，每月社会保险费补贴人数以8人为限；

（4）补贴期限最长不超过注册登记之日起的36个月。

#### 四、创业前创业担保贷款

1、"创业前创业担保贷款"政策，请问哪些人可以申请这笔贷款？

符合下列条件之一的对象可以申请"创业前创业担保贷款"：

（1）35岁（含）以下，拟在沪创办小微企业、个体工商户、农民合作社、民办非企业单位等创业组织的本市户籍青年大学生；

（2）35岁（含）以下，拟在沪创办小微企业、个体工商户、农民合作社、民办非企业单位等创业组织的本市高校在读学生；

（3）35岁（含）以下，拟在沪创办小微企业、个体工商户、农民合作社、民办非企业单位等创业组织的本市高校毕业且持有《上海市居住证》《港澳台居民居住证》或《上海市海外人才居住证》的非本市户籍青年；

（4）未进行工商登记，但在网络平台实名注册、稳定经营且信誉良好的本市户籍网络创业者。

2、申请时需满足什么条件？

（1）申请人无影响偿债能力的不良信用记录；

（2）申请人非人民法院认定的失信被执行人；

（3）申请人已有较为完善，可行的创业项目计划；

（4）申请人提交创业担保贷款申请时，除助学贷款、扶贫贷款、住房贷款、购车贷款、5万元以下小额消费贷款（含信用卡消费）以外，本人及其配偶应没有其他贷款。

3、"创业前创业担保贷款"有哪些贷款权益？

（1）担保贷款金额最高为20万元，担保贷款期限最长为1年；

（2）贷款利率上限不超过贷款市场报价利率LPR+50BP；

（3）申请人免予提供抵、质押方式的反担保。

#### 五、个人创业担保贷款

1、哪些个人可以申请创业担保贷款？

个人创业担保贷款的申请对象需符合下列条件之一：

（1）在沪创办小微企业、个体工商户、农民合作社、民办非企业等创业组织的本市户籍劳动者；

(2) 在沪创办小微企业、个体工商户、农民合作社、民办非企业等创业组织且持有《上海市居住证》《港澳台居民居住证》《上海市海外人才居住证》和《出国留学人员来沪投资享受优惠资格认定证书》的非本市户籍劳动者。

2、申请时需符合哪些条件？

(1) 申请人无影响偿债能力的不良信用记录；

(2) 申请人非人民法院认定的失信被执行人；

(3) 申请人所办的创业组织，应当建立财会独立核算管理制度，并依法进行税务登记；

(4) 申请人所办的创业组织需吸纳本市劳动者就业。创业组织需吸纳本市户籍劳动者就业的比例不低于15%(职工超过100人的比例下调为8%)；

(5) 申请人提交创业担保贷款申请时，除助学贷款、扶贫贷款、住房贷款、购车贷款、5万元以下小额消费贷款(含信用卡消费)以外，本人及其配偶应没有其他贷款。

3、个人创业担保贷款有哪些权益？

(1) 担保贷款金额最高为50万元，担保贷款期限最长为3年；

(2) 贷款利率上限不超过贷款市场报价利率LPR+50BP；

(3) 申请人免予提供抵、质押方式的反担保。

**六、创业组织创业担保贷款**

1、哪些创业组织可以申请创业担保贷款？

在本市注册经营的小微企业，民办非企业单位和农民合作社。

2、申请时需符合哪些条件？

(1) 被人民法院认定的失信被执行人不得申请创业担保贷款；

(2) 创业组织应当建立财会独立核算管理制度，并依法进行税务登记；

(3) 创业组织需吸纳本市户籍劳动者就业的比例不低于15%(职工超过100人的比例下调为8%)；

(4) 创业组织应根据风险评估情况，按要求提供必要的财产抵押、质押等形式的反担保。

3、创业组织创业担保贷款有哪些权益？

(1) 担保贷款金额最高为300万元，担保贷款期限最长为2年；

(2) 贷款利率上限不超过贷款市场报价利率LPR+50BP；

(3) 申请贷款金额低于50万元(含)的，申请企业免予提供抵、质押方式的反担保；申请贷款金额高于50万元的，申请企业按要求提供必要的财产抵押、质押等形式的反担保。

## 充分利用资源获取渠道

创业资源有很多类别，认识这些类别对我们厘清创业资源以及根据不同资源的来源特点进行获取很是重要。我们还需要掌握资源获取的渠道与方法，为我们的创业打下一个好的基础。

首先我们需要认识的是资源的不同类别，厘清各类资源之间的不同及其关联。然后，我们需要学会通过不同的渠道进行资源的获取。

对大学生创业者而言，不仅要学会从通常的渠道获取资源（如通过风投获取资金资源），也要根据自身实际和特点去获取资源（如自筹资金或通过国家政策及学校支持获得部分资金）。

知识链接

# 知识点 ❶：创业资源的类别

创业资源有很多种分类方法，比如我们之前讲到的有形资产和无形资产就是一种分类法。而通常来说，创业资源可以分为人才资源、技术资源、物质资源、资金资源、管理资源和社会资源六大类别。

## ❋ 创业资源的分类

**1. 人才资源**

在企业运营的各个环节，如销售、生产、财务等，都需要一些高素质人才作为支撑，他们是企业的中坚力量。想要在激烈的竞争中获胜，就必须仰仗人才的力量。

**2. 技术资源**

技术资源是具有商业价值的科技成果、生产工艺等。很多初创企业正是凭借良好的技术基础发展壮大的。技术对企业的可持续发展同样起着不可替代的作用。

**3. 物质资源**

物质资源是指企业的有形资产，如厂房、软硬件设备、原材料等，一般情况下，物质资源可以通过购买获得。

**4. 资金资源**

资金资源是指企业运转所需要的资金支持。开发产品、营销推广、维持企业正常运营都需要资金的支持，募集启动资金对创业者来说责无旁贷。

**5. 管理资源**

管理资源是指企业的各种运行机制以及管理者的管理经验和能力等。好的管理资源能使企业维持良好的运营状态，并能更好地调度和使用其他资源。

**6. 社会资源**

社会资源即社会资本，是指企业所拥有的各类社会关系，包括创业者和创业团队成员的社会关系。社会资源通常对获取资金和开拓市场有很大助益。

知识链接

## 知识点 ❷：各类创业资源的获取途径

1. 人才资源的获取

　　大学生创业者获取人才资源的渠道一般是通过同学及亲友，而这并不足以让大学生获得足够优秀的人才。我们应该积极参与各类创业沙龙和其他社会活动，依照人才选择的标准（注重性格与才能的互补等）进行审慎观察和选择。

2. 技术资源的获取

　　技术资源相对而言是大学生创业者更容易获得的资源。学校中有很多技术专长，也有足够的学习和成长空间。我们要好好利用这一时期，学习、掌握好过硬的技能，或是寻找有一技之长的合作伙伴。

3. 物质资源的获取

　　物质资源大部分可以通过资金来解决，当然我们也可以利用一些自身的条件来获取。比如有条件的同学可以将公司注册地点和办公地点放在家中，或者利用学校和政府的支持，在孵化基地或是创客中心争取到场地和其他物质资源。

创业资源的获取对大学生创业而言至关重要。相对于已经步入社会的创业者来说，大学生创业者在经验、技术、资金等方面存在一定的劣势。大学生获取资源的关键是要积极拓展社会关系，并充分利用一些有利的条件（如国家政策支持）。

**4. 资金资源的获取**

大学生创业者通常是通过自己或亲友筹集资金，或是利用国家和学校的扶持得到优惠贷款或直接资金支持。其中，参加创业大赛是一个不错的办法，奖金可以为企业带来一定的资金，通过展示也能获得风投的关注。直接寻求风投支持难度较大，但一些条件不错的项目也可以考虑这个办法。

**5. 管理资源的获取**

管理资源是大学生创业者面临的大难题。因为大学生创业者通常专注于专业学习，对企业管理的相关知识和实际运用不够熟悉，另外社会经验不足也直接导致了大学生管理经验和能力的欠缺。这要求我们积极在社会上磨练自己，从企业实习或打工等渠道学习和了解管理制度及技巧。

**6. 社会资源的获取**

大学生的社会关系一般较为单一，这对于社会资源的获取是相当不利的。我们应当充分利用互联网，认识志同道合的"同道中人"，尤其是资源提供者、投资人以及具有丰富经验的先行者，他们对于创业事业的顺利开展有巨大的推动作用。

## 知识点❸：国内知名早期创业孵化或投资机构

创业天使投资机构是指专注于投资初创企业或早期阶段的投资机构。这些机构通过提供资金、经验和资源等方式支持创业者的创新和发展。

### 上海市大学生科技创业基金会

上海市大学生科技创业基金会（简称创业基金会或EFG）成立于2006年8月，是专注于扶持大学生青年创新创业的公益基金会。创业基金会以培育创业环境、播撒创业种子、激发创业力量为使命，联合社会各界开展创业倡导、创业教育、创业资助等业务，迄今已覆盖本市24个高校及行政区，形成了全方位支持创业实践、培养创业人才、传播创业文化的工作网络。

### 真格基金

真格基金是一家成立于2011年的天使投资基金，专注于早期投资，鼓励创业者创新和创业。作为国内早期布局金融科技领域的基金，真格基金以高成长性和低风险投资著称。它拥有一支年轻、高效的团队，专注于TMT领域的早期投资。真格基金通过提供增值服务和增值投资产品，为创业者提供资金增值的机会，并帮助他们实现创业梦想。

### 创新工厂

创新工厂创办于2009年9月，是一家致力于早期阶段投资，并提供全方位创业培育的投资机构与创业平台，旨在培育创新人才和新一代高科技企业。创新工场通过针对早期创业者需求的资金、商业、技术、市场、人力、法律、培训等提供一揽子服务，帮助早期阶段的创业公司顺利启动和快速成长。同时帮助创业者开创出一批最有市场价值和商业潜力的产品。

**拓展阅读**

**创业者如何选择适合自己的孵化基地**

### 联想之星

联想之星创立于2008年，已投资超过200个项目。联想之星为创业者提供天使投资+深度孵化的特色服务，做创业者身边的超级天使。主要投资于人工智能、TMT、医疗健康三大领域，积极布局智能机器、互联网改造传统产业、生物技术、医疗器械等前沿领域，并为创业者提供服务和共享资源，助力企业快速成长，共创联想之星创业生态圈。

### 洪泰基金

洪泰基金是中国打通早期创业和资本市场的专业投资机构之一。由著名企业家俞敏洪先生和资深投资银行家盛希泰先生在2014年11月共同发起成立。投资、合规风控是洪泰基金的两大基因。基金投资方向聚焦信息技术、先进制造、医药医疗、新能源新材料和新消费等五大领域。目前已投资300家企业，在中国投资界和实业界有广泛影响力。

### 上海觉群文教基金会

上海觉群文教基金会由上海玉佛禅寺发起，于2015年2月正式挂牌成立。"玉佛禅寺觉群大学生创业基金"定向用于资助在沪创业的高校毕业生非科技类项目自主创业。基金会在党和政府的指导下，依托丰富经验，联合各界力量，支持大学生抓住机遇，积极实践，兑现潜力，化雄心壮志为辉煌功业，为上海、为国家的经济繁荣、社会进步作出巨大贡献。

# 第8章
# 开拓目标市场

- 8.1 市场开发战略选择
- 8.2 市场推广方式

# 8.1 市场开发战略选择

# 绽放温暖的"生命之光"

> 来源：浙江日报，《2021年"最美大学生"黄君婷：做生命的"摆渡人"》，编者有修改

打开温州医科大学临床医学专业大五女生黄君婷的电子健康医保卡，会看到她的名字边上有一个醒目的人体器官捐献官方爱心标志。在温州，所有已签署人体器官捐献意愿书市民的电子健康医保卡上都有同样的爱心标志。

这样的做法，在国内还是独一份。促成温州开展"器官捐献志愿与电子医保卡智慧互联"试点的，正是黄君婷和她带领的"生命之光器官捐献志愿服务团"。

**一次触动，坚定志愿服务信念**

成为医生是温州女孩黄君婷从小的梦想。2017年，她如愿考入温州医科大学临床医学专业，并开启了公益之路——她先是在校人体科普馆作志愿讲解员，大二又加入了学校的"生命之光器官捐献志愿服务团"。

2019年寒假，团队对器官捐献协调员的一次调研，让黄君婷进一步坚定了开展器官捐献志愿服务的信念。在长沙，她跟着志愿协调员来到因病离世捐献出多个器官的男孩叶沙家。年仅16岁的叶沙因突发脑溢血，抢救无效去世。叶沙父母在慎重商量后，把儿子的器官捐献出来，7个人因叶沙而重生。被叶沙父母的大爱打动，黄君婷暗下决心，要通过自己的努力，把温暖带给更多器官捐献者家庭。

回到温州后，黄君婷带着团员打造了一台以叶沙的故事为原型的舞台剧《一个人的球队》。舞台剧在温州、宁波、杭州等地巡回展演，还受邀参加全国器官捐献10周年宣传活动。这一次尝试，让黄君婷第一次感受到了公益行动的力量——"我们学校有个30人的班级，看完舞台剧后有27人签署了器官捐献志愿书。甚至还有一场演出结束后，有200多人排队签署志愿书。"黄君婷说。以此为起点，她和团队开始探索开展器官捐献艺术化传播。例如，她主编了《叶沙行星系》漫画、动画等，被中国人体器官捐献管理中心向全国推广；面向26所高校开展首届"白求恩杯"器官捐献艺术化传播主题创想赛等。

**调研 11 省，找到捐献突破口**

经历过多次人体器官捐献宣传活动后，黄君婷发现：器官捐献对普通群众而言，始终是一个忌讳又沉重的话题。

为了找到器官捐献的突破口，黄君婷还带领团队在浙江、湖南、山东等 11 个省份调研，走访了 10 家红十字会。他们发现此前基于家庭视角研究器官捐献的资料很少，随即请器官捐献协调员帮助，收集潜在捐献家庭案例 1000 余份。同时，团队还在浙江 49 个点发放问卷 2000 余份。"问卷调查结果和收集的 1000 余份案例显示，影响普通家庭成员器官捐献的原因中，家人态度影响占 70%。如果生前签署捐献志愿，65% 的家属将会尊重死者遗愿。"黄君婷说，因此，器官捐献的突破口之一，就是争取家人同意。

能不能把器官捐献志愿加入电子社保卡，借助信息化的浪潮，实现器官捐献大数据的互联？黄君婷分析，这一举措或许会提升民众签署意愿书的意愿，也有利于医生在第一时间发现器官捐献志愿者。为此，她不断打磨修改，形成了 8 万余字的调研报告。

**坚定不移，开拓市场终成功**

2019 年 5 月，黄君婷带着调研数据和创新想法直奔温州市有关部门。但由于全国没有先例，收获更多的还是质疑。打破传统所面临的重重困难和阻力，让不少团员打起退堂鼓。"刚开始，我们团队都是组队去相关部门，但慢慢地就只有我一个人了。"说话细声慢语，被同学评价"性格温柔"的黄君婷，是团队里的"定心丸"。她不断鼓励团队继续坚持，牵头做了 3 次调研，进一步完善建议，同时不断拜访温州市相关职能部门，争取他们的支持。

"如果不是她的坚定推动，我们的团队走不了那么远。"曾一起推动这一项目的学长戴振峰，对黄君婷在团队和项目发展中起到的关键作用如此评价。

2019 年 7 月，团队的努力终于等来"曙光"——趁着温州推动社保卡和电子健康医保卡两卡合一的契机，黄君婷将团队的方案完善为：将中国人体器官管理中心登记在册的器官捐献志愿者信息在电子健康医保卡上显示出来。

当年 10 月，在省人体器官捐献管理中心的支持下，经过温州市红十字会、温州市卫健委、温州医科大学"生命之光"团队的多次探讨，温州市成为全国首个"器官捐献志愿与电子医保卡智慧互联"试点城市。

2019 年以来，由"生命之光"团队带动并签署器官捐献意愿书的人数，占每年温州总签署量的 60%。温州的总签署量也从 2019 年前后的 4962 人上升至今年 12 月初的 26179 人。

## 审慎选择市场开发战略

市场开发战略的选择是初创企业的重要决策之一。市场开发战略的选择牵涉到企业市场开发的成本和方向,一旦选择错误,损失将很难挽回,所以,在做决策时必须审慎。

我们首先需要认识什么是市场开发战略,了解其路径和条件。然后我们需要进一步了解三种比较常见的市场开发战略——"滚雪球"战略、"保龄球"战略和"采蘑菇"战略,通过一些经典的市场案例来深入了解其内容及适用范围。

市场开发战略选择的关键是要根据企业和市场的实际情况,对市场进行充分了解。创业者不仅需要掌握相关的市场调查数据,还需要深入市场一线,只有这样才能真正把握市场的脉络,选择最适合企业的开发战略。

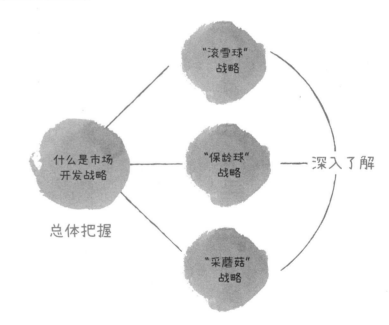

知识链接

# 知识点 ❶：什么是市场开发战略

市场开发战略是企业运用现有的产品和服务开辟新市场领域的战略。它是发展现有产品的新顾客群或新市场领域从而扩大产品销售量的战略。当企业现有的产品或服务在市场上已经没有进一步渗透的余地时，就必须设法开辟新的市场，比如将产品由城市推向农村，由本地区推向外地区等。

市场开发战略的路径是什么

| 1. 发掘潜在顾客，进入新的细分市场 | 2. 开辟新的营销渠道 | 3. 开拓其他区域市场 |
|---|---|---|
|  |  |  |
| —— 微案例 —— 吉利开发出租车市场 | —— 微案例 —— 耐克开设天猫官方旗舰店 | —— 微案例 —— 小米进军印度市场 |

**企业进行市场开发的条件**

 可以得到新的、可靠的、经济的和高质量的销售渠道。

 企业在所经营的领域非常成功。

 存在未开发或未饱和的市场。

 企业拥有扩大经营所需要的资金和资源。

 企业存在过剩的生产能力。

 企业的主业属于区域扩张型或正在迅速全球化的产业。

## 知识链接

## 知识点 ❷："滚雪球"战略

"滚雪球"市场开发战略是中小企业最常用的一种策略。企业采取稳扎稳打的做法，先完全开发好某个区域的市场，站稳脚跟之后再向另一个新的区域进军。这种战略的拓展将某一个地区的目标市场作为企业市场拓展的"根据地"，对市场进行全面、深入、透彻的开发，成为企业在未来进一步向其他区域市场开拓的基石。在"根据地"市场取得了稳固的优势市场地位之后，企业以此为根基向周边地区逐步推进和渗透，一步步壮大自己，最后达到全面占领整个市场的目的。这种市场开拓策略因类似于滚雪球(Snowball)而得名。需要注意的是，滚雪球需要一个"硬核"，企业必须牢牢把握"根据地"市场，每占领一个新区域市场都要扎根，否则"雪球"不会越滚越大，而会越滚越散。

**"滚雪球"战略的优势**

★ 降低营销风险

企业开辟"根据地"市场的过程中，会积累很多成功的经验和失败的教训，为周边地区的营销实践提供很好的参考。随着市场的不断滚动拓展，企业将积累大量营销经验，市场营销的风险也会越来越低。

★ 拥有充足的拓展资源

已经做大、做强的"根据地"市场，利润稳定，销售团队得力，这些都为开拓新市场提供充足的资金积累和人才支持。

★ 能稳步巩固和拓展市场

"滚雪球"市场拓展战略稳健踏实，步步为营，企业经营的风险很低，市场地位也会相对稳固。

## ❋ 经典案例——老干妈

老干妈在早期市场拓展中,依靠口碑一步步取得市场的领先地位。

广州是老干妈最先赢得优势地位的区域市场。由于广州是大量外来务工人员的聚集地,老干妈正符合他们的口味和价位需求,因此老干妈首先在广州市场取得销量的爆发。老干妈充分运用在广州市场上的成功经验,将产品逐步推广到国内其他的市场区域。这是典型的先做好根据地,继而复制到全国的案例。老干妈和一般企业的区别就在于,绝大部分企业是经过市场分析选择区域战略根据地,而老干妈是通过市场的自然选择赢得市场。

## 知识链接

# 知识点 ❸："保龄球"战略

"保龄球"战略因其拓展策略与保龄球运动具有相似的特点而得名。在保龄球运动中，如果击中关键的那个球瓶，这个球瓶就会撞倒其他的球瓶。

企业在拓展市场时也与之类似。要占领整个目标区域市场，应首先攻占整个目标市场中的某个"关键市场"——第一个"球瓶"，然后，利用这个"关键市场"的巨大辐射力来影响周边广大的市场，以达到占领大片市场的目的。我们称这种市场拓展战略为"保龄球"战略。

**"保龄球"战略的运作要点**
★ 如何找到关键市场

"关键市场"的消费者一般有较强的求新意识和购买力，对新事物接受较快。另外，"关键市场"有很强的影响力和辐射力。"关键市场"的消费观念和潮流具有超前性，某种商品消费或生活方式一旦在这些市场流行，就会引起一大批周边中小地区市场的消费者模仿和追随。只要企业占领这个关键市场，就能获得以点带面、辐射大范围市场的效果。

★ 如何找到关键市场

"保龄球"战略是一种"先难后易"的市场拓展策略。关键市场往往是商家必争之地，要攻占该战略市场需要耗费大量财力、人力，一般实力较强的大企业才会选择此种战略。

## ❋ 经典案例——海尔

海尔集团的国内和国际市场拓展就是这样一个模式。在国内消费品市场,"北上广"三个城市的市场至关重要。"广州——上海——北京"成为海尔进军全国市场的战略"金三角"。占领了这三个市场,依靠其强劲的辐射力量,就等于攻克了大部分中国市场。海尔集团首先投入大量的精力先后进入和占领了北京、上海和广州,果然,产品迅速向全国铺展开来。同样,海尔在国际市场上也是先占领"日本——西欧——美国"三个关键市场,再准备向全球市场进军。只要占领了虽然最难却非常具有影响力和辐射力的全球市场"三极",那么进入其他发展中国家市场相对而言就要容易不少。

# 知识点 ❹："采蘑菇"战略

"采蘑菇"战略与"滚雪球"战略步步为营的做法相反，是一种跳跃性的拓展战略。这种战略和采蘑菇的过程很相似，先采大的蘑菇，采完之后再选择小的蘑菇。

运用"采蘑菇"市场拓展战略的企业，在开拓目标地区市场时，通常遵循"先优后劣"的顺序原则，而不管选择市场邻近与否。企业首先选择和占领最有吸引力的目标地区市场，采摘最大的"蘑菇"，其次再选择和占领较有吸引力的地区市场，采摘第二大的"蘑菇"，以此类推。"采蘑菇"战略需要敏锐的市场洞察力，并对目标市场进行详尽考察之后才能施行。

**"采蘑菇"战略的优势**

★经济效益最佳

企业每一步选择的都是未占领的市场中最佳的。所以，企业的资源一般能得到最有效的利用，企业也能获得最佳的经济效益。

★兼具灵活性与时效性

当已经存在较多或较强的竞争者时，如果仍按由近及远、循序渐进的原则"出牌"，是不可能赢得市场的，反而很可能在残酷的市场竞争中落败。

★不分强弱先后均可使用

这种战略是企业能普遍适应的战略。不但先行者和强势企业可采用，后来者和弱势企业采用也能取得不错的效果。

拓展阅读

从同学到"腾讯五虎将"

## ❋ 经典案例——嘉士伯

在中国的啤酒市场上，嘉士伯是典型的后来者。在嘉士伯进入时，市场上已经有华润、青岛、百威等强势的竞争者，当时的重点市场——东部省份市场已经基本被瓜分完毕。

嘉士伯则采取了"采蘑菇"的市场开拓战略，在剩下的未被完全占领的市场中选择较好的省份市场进行开发。从2003年起，嘉士伯相继收购了云南、甘肃、西藏、新疆、宁夏、重庆等地一些啤酒厂的全部或部分股份，从而在西部省份市场中取得了优势地位。如今，嘉士伯已经在西部的大部分地区取得了市场的领先地位，这和其成功的市场开拓战略是分不开的。

# 8.2 市场推广方式

引导案例

# 真心换真心,扶农绝不是走走过场

来源:石河子大学,《书写绿洲奇迹》,编者有修改

石河子大学农学院陈翔宇等学生的"天山云海——棉花生产智慧精准管理技术服务团队"项目斩获第七届中国国际"互联网+"大学生创新创业大赛青年红色筑梦之旅赛道项目金奖。他们用专业的知识、技能和辛劳的汗水,在祖国的大地上写下最生动的"论文"。

**推广扶农技术,致力乡村振兴**

"天山云海团队"致力于推广棉花精准管理技术和装备,针对棉花管理水平低、质量把控弱等植棉问题,为农户提供棉花从播种到收获一体化精准管理的技术服务,实现规模化棉花精准生产,为棉农增产致富。

陈翔宇是"天山云海团队"的负责人。2015年,他来到漫漫黄沙、热浪灼人的五十一团,看到眼前的场景他曾想过离开,但当他看到连队棉田里杂草丛生、虫害泛滥时,他决心把所学知识应用到实际生产中,为家乡的棉花种植业发展寻找一条致富之路。陈翔宇说,"我是兵团三代,对这里有非常深厚的感情,父辈们已经'献了青春献终身,献了终身献子孙',我也想要为兵团的发展贡献自己的一份力量。""我希望能够在自己的岗位上贡献我全部的力量,实现自己的农业梦。"团队指导老师吕新深深眷恋着"天山南北,千里沃土"的新疆大地,他怀着对这片美丽富饶土地的赤诚与热爱，无怨无悔地投身于智慧农业研究中。为了促进家乡的发展，他致力于用现代信息技术助力农业发展，祈望实现用科研成果书写绿洲的奇迹。

### 契合农户真需求，践行承诺赢信心

项目开展初期，困难重重。初到五十一团时，团队成员夜晚只能到20公里以外的小镇上休息，第二天早晨再返回棉花地。当地没有饭店，常常是买几块馕饼，就着凉水凑合一顿饭。

"我们没有一个人抱怨，因为万事开头难嘛，每个人都做好了吃苦的准备。"谈及此事，团队成员杨秘笑着说，"但我们都坚信，一定会越来越好的。"

在项目方案实施初期，当地棉户存在一些固有观念，认为团队里的成员都是群"小娃娃"，不敢把一家人的温饱来源交给他们，所以并没有人愿意接受他们的方案。

"虽然遇到了很多质疑，但我们并没有气馁，我们挨家挨户去介绍我们的技术，相信总有人愿意尝试一次。"陈翔宇说，"功夫不负有心人，团里职工木沙艾力同意了我们的提议。当他点头的那一刻，我感觉所有的苦都不算什么。"

实际工作远比他们想的要更加艰难，棉花吐絮时，外壳会变得无比坚硬。尽管已经做好了防护，但还是无可避免地会被划伤。2020年的暑假，团队成员王汇涵突发高烧，陈翔宇也中暑晕倒，那一刻他们萌生了想要放弃的念头。可当团队成员王汇涵回忆起第一次去五十一团时的场景时，便立即打消了放弃的念头。

"那时候,当地一位棉户问我为什么要来自己的棉花地。我当时非常困惑,后来通过交谈才知道,每次去棉花地里采土取样,会对还未长成的棉花造成一定程度的损害。近些年来,不断有企业、志愿团队等人来调查,并承诺会给棉户们技术指导,可是这些人走了就再没回来过。"王汇涵说,"再苦再累,我们也一定要完成这个项目,这不仅是履行对他人的承诺,更是自己的使命所在。"

**建脱贫长效机制,引持续发展人才**

经过几年的不懈努力,目前该项目在新疆棉区的推广已有了实质性进展,种植面积已经达到582.97万亩。在团队的技术指导与帮扶下,棉农们对脱贫的信念更高涨了,脱贫长效机制逐步建立并完善,更多的贫困户有了产业发展收益。

该团队从最初的潜心研发、物资捐赠到干部援助、人才培养,再到如今的产业帮扶、深度协作,扶贫协作的模式不断升级,团队持续进行精准帮扶。棉花产业扶贫项目成为引领当地经济发展、带动广大群众脱贫增收"棉棉"不绝的力量。

期间,令团队成员们感到欣慰是,木沙艾力家的小娃娃兴冲冲地跟他们说:"我以后也要考石河子大学的农学院,成为像你们这样的'新农人'。"那一刻,所有人的眼眶都湿润了。

## 市场推广：方式选择很重要

对于初创企业来说，市场推广是极为重要的一环。对不少初创企业而言，市场推广效果的好坏甚至会直接关系到创业的成败。创业者在这一点上最好身体力行，只有这样才能真正理解市场，并获得第一手资讯。

我们首先要了解的是地面推广，了解地面推广的目标、优势和如何执行，掌握地面推广的要点。其次我们需要了解新媒体推广，掌握其方式和要点。

地面推广和新媒体推广是线下和线上两种推广方式。需要指出的是，线下和线上的推广并非是隔绝的，两者必须融合使用才能发挥出最大效能。

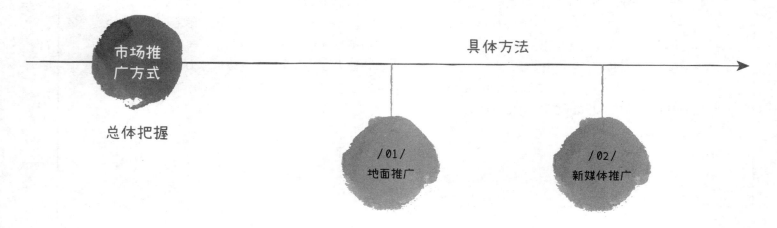

知识链接

# 知识点 ❶：地面推广

地面推广简称地推，是针对以网吧、高校和社区为主要组成部分的各种地面市场资源，通过地面推广人员的实地宣传来进行传播的一种营销行为。

地面推广的管理成本较高，要提升效率关键在于提升执行力、结果的数据化以及团队管理的制度化，以结果为导向，根据实际情况和成效积极调整。只有这样才能使地面推广取得最佳的效益。

## 地推的优势及目标

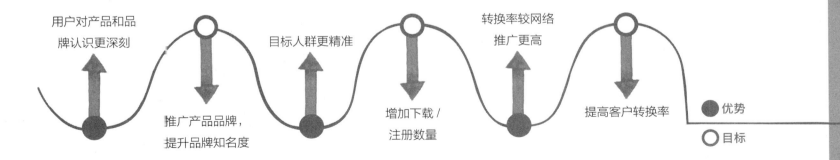

## 典型的地推做法

**网吧**

　　资料收集以及定期回访。网吧资料包括机器台数、IP地址等，定期回访是为了做好客情关系，进而可以张贴自己的宣传品和安装自己公司的新游戏。宣传资料包括但不限于：门上的推拉、海报、宣传POP（展示架、大招牌、实物模型、旗帜等）、喷绘、车贴、DM单（快讯商品广告）。

**小区、学校等**

　　选定推广地区及宣传、活动方式，根据客户特点和成本效率选择礼品、制作印制宣传资料（能快速推广品牌且成本低、受众广）。

## 知识点 ❷：新媒体推广

初创企业怎么做"数字营销"

新媒体推广是市场推广的重要渠道和方式。随着互联网的发展，出现了网络杂志、博客、微博、微信、TAG(标签)、SNS(社会性网络服务)、RSS(聚合内容)、WIKI(维基百科)等这些新兴的媒体，这些也成了线上推广的主要渠道。

### 典型的新媒体推广做法

| 体验性：experience | 沟通性：communicate | 差异性：variation | 创造性：creativity | 关联性：relation |
|---|---|---|---|---|
| 能带给客户良好的体验。 | 能建立顺畅的沟通渠道。 | 与其他品牌能有明显区隔。 | 以创意取胜，带来新鲜感。 | 注重媒体的社交属性和传播方式。 |

### 新媒体推广的主要渠道

| 1. 微博 | 2. 微信 | 3. SEM | 4. 软文 | 5. 博客 | 6. 社区 |
|---|---|---|---|---|---|
| 微博是传播速度最快的工具，发文方式有长微博、短微博、头条文章等。 | 微信是使用频率最高的社交软件。公众微信平台一般包含服务号和订阅号。 | SEM(搜索引擎营销)包括搜索引擎优化(SEO)、付费排名、精准广告以及付费收录等。 | 软文是软性的广告，通常有三种类型：新闻型软文、行业型软文、用户型软文。 | 博客形式不限于文字，趋向于多样化，有视频、语言、图片等。 | 以论坛为平台，用户的兴趣点比较集中，有利于推广。 |

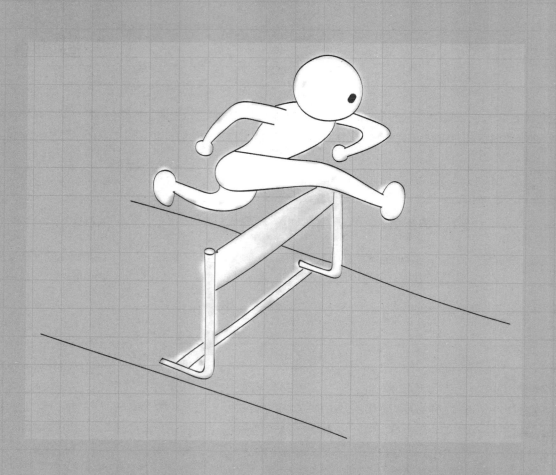

# 第 9 章
# 跨越前路障碍

- 9.1 企业建立与运营的法律风险
- 9.2 如何避免创业团队的瓦解
- 9.3 如何避免财务困境

# 9.1 企业建立与运营的法律风险

# 创业"九死一生",但最重要是坚守底线

来源:编者根据江苏省广播电视台相关新闻报道汇总整理

据江苏省广播电视台2022年1月25日报道,近日,江苏省常州市一在校生沈某某以合伙创业为由,骗取老师四百万余元;诈骗多名同学一百万余元。经常州市武进区人民检察院审理,年纪轻轻的小沈因诈骗罪,被判处有期徒刑11年,并处罚金。是贪婪和懒惰,毁了一个年轻大学生的大好前程。

**优秀表现赢得信任**

小沈是江苏常州某大学的学生会主席,向任课的徐老师谎称自己创业,正在开发游戏软件,希望徐老师能成为自己的合伙人,给自己投资。等游戏软件上市获利之后,再跟徐老师分利润。

老师本来是不容易被骗的,但是徐老师认为,小沈平时学习态度认真,对于学生会主席的工作也很负责任,有担当,并且在计算机方面很有天赋,自己很欣赏小沈。

最重要的是,徐老师之前曾参与过小沈的另一个游戏软件的开发,有过经济往来,小沈也能按时还钱。这让爱才惜才的徐老师降低了防备心,相信了小沈。

开始时,徐老师给小沈投资4万元,成为了小沈的"合伙人"。

**一念之差走错路**

小沈确实在独立开发一款游戏软件,已经完成了5%~6%。但小沈自身能力的不足及游戏软件开发的难度又太大,导致小沈无法再做下去。

创业失败的话,小沈就必须把钱还给徐老师。但小沈没钱,又觉得承认自己失败很没面子,他选择了一骗再骗。

小沈先在游戏发布平台上传了一段做好的游戏小样,又做了一张平台盈利的统计截图,之后拿着这两样东西再次找到徐老师，虚拟了游戏开发的创业项目，骗取了徐老师的信任。为了助小沈创业成功，徐老师继续追加投资，前后加起来，共给小沈提供了400多万元的资金支持。小沈见来钱容易，就再也不去开发游戏软件。

**贪图享受落深渊**

那么他拿着这些钱做什么了呢？

小沈用徐老师给他创业的资金，把自己包装成一名创业成功人士，在校园中过起了奢华的生活。

他租豪车、买名表，花钱大手大脚，经常给一些要好的朋友送苹果手机，送高端的游戏笔记本电脑。仗义疏财的小沈得到了身边很多同学的信任。

利用学生的单纯，小沈再次虚构了一个创业项目，谎称自己开发炒鞋、抢鞋软件的项目，骗取了多名同学的小额投资款，合计100余万元。

**"九死一生"下有正确的价值观最重要**

以大学生为主的青年群体们，有激情，有理想，对未来充满向往，希望凭借自身努力来实现人生的价值。当前复杂经济环境下，社会价值观念趋于多元化，良莠不齐，而大学生所处阶段又是人生观、价值观和世界观逐渐形成和确立的关键时期。

我们知道大学生创业要面对许多难关，可以说是"九死一生"。但即便如此，仍有众多前辈用实际行动向大家展示了新时代青年们应有的风采，他们都在积极的价值观引导下取得了不凡的成绩。大学生创业更要有法律意识、责任意识和服务意识，要有社会责任感，要把个人利益和社会利益关联起来，把个人创业发展和社会发展有机结合，将自我价值在社会价值实现的过程中充分的展现出来。

## 法律风险需要引起重视

法律风险往往容易被很多创业者忽视。很多人认为，只要守法经营，就可以规避风险。这种想法未免把问题想得太简单。公司在创办和运营过程中存在诸多风险，如果不认真对待，很容易造成纠纷，使企业经营受到不必要的损害。

我们首先需要了解企业建立的流程，对企业的各项文件有一个初步了解。然后我们需要进一步了解企业在建立过程中的法律风险。最后，我们需要了解企业在运营过程中的法律风险。

法律风险的规避最重要的是法律意识和各项规章的建立。如果没有完善的制度保证和良好的法律意识，很多问题可能会在企业创办和经营过程中涌现出来，成为阻碍企业发展的不稳定因素。

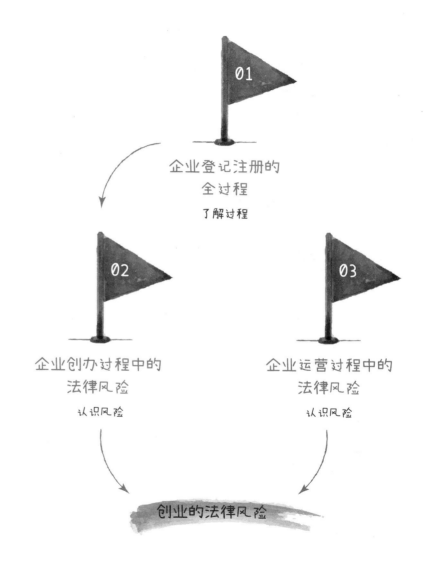

## 知识点 ❶：企业登记注册的全过程

设立公司是创业必经的过程。现在公司设立的流程比以前简化了很多。比如，以前需要领用组织机构代码证、税务登记证、营业执照三个证件，而现在已经实行"三证合一"，注册只需要领取营业执照即可。另外，注册资本由实缴制改为认缴制、放宽注册资本登记条件、居民住宅可登记为公司住所等措施也大大简化了现在企业登记注册流程。

**企业名称核准**
可在网上查询是否已被注册，一般准备3个左右的备用名称

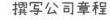 企业登记注册流程

**撰写公司章程**
公司名称、住所、经营范围、股东权利、规章制度等，是公司的"基本法"

**办公场所租赁**
注册住所可以是自有（需提供产权证明），也可以是租赁（提供产权及租赁合同）

## 第 9 章 / 跨越前路障碍

```
企业设立登记 → 领取营业执照 → 刻章、备案
                               需要去公安部门指
                               定的网点刻章备案
                                      ↓
办理社保 ← 领用发票 ← 银行开户入资
企业不为员工办理社保属于违法    依照公司性质（小规    采用认缴制，企业不需要按注册
行为，对公司声誉也会有影响    模纳税人、一般纳税    资本一次性入资，也不需要验资
                              人）领用所需发票
```

# 知识点 ❷：企业创办过程中的法律风险

企业在设立过程中，除企业注册时需要提交的证明性法律文件外，还需在出资人之间签订规范将来企业运作的协议、章程等法律文件。这些法律文件详尽地对各方权利义务作出约定，更契合公司需要。根据公司实际情况审慎订立这些文件，能有效规避企业设立的法律风险。

**公司设立协议**

公司设立协议又称出资协议，一般包括如下内容：公司的注册资本数额、出资方式和出资时间，出资人在设立过程中的权利和义务，公司设立不成时费用的承担等。

协议中必须明确股东之间权利与义务的划分，尤其要注意保密条款对股东的约束机制，避免出现股东"另起炉灶"的现象。

**公司章程**

章程是公司最重要的自治规则，在维护公司、股东、债权人利益方面起着重要作用。但一部分创业者和投资人不重视章程，简单照搬公司法的规定，导致其公司完全没有根据公司自身的特点和实际情况来通过章程建立切实可行的自治机制，可操作性不强，在发生公司与股东的争议、股东之间的争议、公司与高级管理人员的争议时，章程不能发挥其应有作用。

**合伙协议**

合伙企业通常由合伙人直接参与经营管理，合伙协议对合伙企业而言，具有设立协议和章程的双重作用。合伙协议要体现合伙企业设立活动的权利义务分配，而且对合伙企业成立后的经营管理，以及合伙人对企业重大事项的决策形成程序、权限、表决方式等都需要作出安排。合伙协议需要特别注意劳务出资以及隐名合伙人带来的风险。

知识链接

# 知识点 ❸：企业运营过程中的法律风险

企业在其运营的全部过程中都存在法律风险。作为创业者，不仅要了解法律风险，而且要了解其发生的内部原因和外部原因，以便针对性地采取有力措施（如完善各类制度、引入法律顾问、建立法律意识、了解重要法律法规等），及时有效地应对风险的发生。

## ❈ 企业运营过程中的法律风险

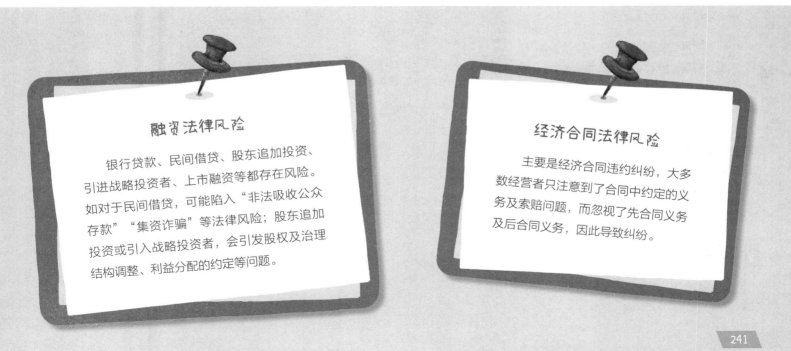

**融资法律风险**

银行贷款、民间借贷、股东追加投资、引进战略投资者、上市融资等都存在风险。如对于民间借贷，可能陷入"非法吸收公众存款""集资诈骗"等法律风险；股东追加投资或引入战略投资者，会引发股权及治理结构调整、利益分配的约定等问题。

**经济合同法律风险**

主要是经济合同违约纠纷，大多数经营者只注意到了合同中约定的义务及索赔问题，而忽视了先合同义务及后合同义务，因此导致纠纷。

### 知识产权法律风险

如果企业没有知识产权管理制度，如专利检索和商标待查制度，将使企业在面对知识产权侵权指控时陷入被动。

### 劳动人事法律风险

职工工伤、劳资关系处理不当会引发风险。另外，企业在引入重要人才时，可能遭遇被人才原所属企业索赔和专利商标等侵权指控。企业自身培养的人才无端流失，企业如果得不到应有的补偿，也属于风险之一。

## 行政管理法律风险

如果公司内对行政管理重视不够,管理上的漏洞可能引发违规问题,被有关执法机关(如环卫、工商、税务、劳动监察、消防等部门)进行处罚。这种风险非常"不划算",需要全面杜绝。

**拓展阅读**

打着"创业"的幌子
非法获利近百万元

## 9.2 ◇ 如何避免创业团队的瓦解

# 初创团队最常见、最致命的 10 个大坑

成妙绮.创业邦网站.创业必读：组建初创团队最常见、最致命的 10 个大坑.http://www.cyzone.cn/a/20150715/277415.html，编者有删减

在我们 AA 投资团队与大量天使期初创团队接触的过程中，发现了不少初创团队在组建团队中所出现的问题，这些问题将成为企业发展的桎梏甚至企业轰然倒下的直接原因。因此我们把最为常见、最致命的 10 个大坑列出，希望引起创业者的警醒并对初创团队有所帮助。

下文所用的例子都是我们 AA 投资团队在与初创团队接触过程中看到的实际案例，很多都非常有戏剧性。其实生活往往比影视剧还要充满戏剧张力，因为生活经常是最优秀的编剧。

## 一、老大去哪儿了

柳传志曾经说过："领军人物好比是阿拉伯数字中的 1，有了这个 1，带上一个 0，它就是 10，两个 0 就是 100，三个 0 是 1000。"这句话很好地概括了公司里老大（大部分情况下是 CEO）的重要性。表面来看，每一个初创团队都会有一个名义上的老大，这个问题似乎不足为虑。但事实上，初创公司经常出现隐性的老大缺失问题，主要包括下面三种情况。

(1) 高管不服管，名义老大没有足够的威信。老大招聘过来的人大多跟老大是旧识，这本身并没有太多问题。然而如果有的团队成员因为种种原因（例如是老大的老领导或老师），自认为比老大的能力高，发自内心地缺乏对老大的尊重，进而在团队沟通和讨论的过程中有意无意地体现出自我的优越感并散布对老大的不信任，就会给团队管理带来极大的困难和障碍。在这种情况下，就应该明白合伙创业千万不能"中国式合伙"，以太多感情因素和老黄历的自我认知占据了理性因素本该在的位置。感兴趣的朋友不妨看看俞敏洪的发言稿：《俞敏洪自揭创业伤疤，股权分配过程大揭秘》，体会一下老俞当初所受的煎熬和各种不容易。

(2) 公司 CEO 成为整个公司的对立面，成为公司内部公认的麻烦制造者和公司所有问题的根源。虽然 CEO 本来就应该对公司的所有问题承担责任，但是公司如果出现"千夫所指"，全部问题都归咎于 CEO 的情况，还是很奇葩的。如果说上一种情况还只是公司个别高管不服管束，那这种情况就是公司上下都缺乏对 CEO 的基本敬意。例如，我们投资的几个企业都比较喜欢来自某个公司的技术人员，因为他们工程师的表现都非常好：技术过硬，态度认真。理论上来讲这样的企业应该很有前景才对，为什么大家都到外面寻找机会？后来一问，该公司几乎所有员工众口一词，都说公司的技术氛围很好，但是 CEO 是典型的各种不靠谱，缺乏创业、管理、凝聚人心的基本能力。缺少一个可以服众的领袖，这个企业的分崩离析只是个时间问题。

(3) 权分两半，两人联合创业、各管一摊。能撑起摊子创业的人必然都是比较有想法和强势的人，那么假如有两个这样的人在一起共同创业，各管一摊会怎样？俗话说，一山难容二虎，两个同样强势和同样能干的人往往难以做到长期合作与和谐共处。

笔者曾经投资过两个牛人联合创业的公司，两人在公司内的股份差不多，权力结构方面也过于平等。这两个牛人一起发力，三年就把公司做到了能在纳斯达克上市的规模，后来因为一点挫折，两人就开始互相抱怨，最终结果可想而知……如果有时光机器，那么笔者一定会回到两人开始创业的初期，告诉他们：平均

不可能永远都是最优的解决方案，一个公司还是需要一个绝对的领导者的。

### 二、股份结构太过分散、平均

在个人主导创业的时代，创始人个人持有融资之前公司 80% 以上股份的情况并不罕见。但是随着联合创业成为了主流，公司股份需要在多个团队成员间进行分配，CEO 的股份占比显著降低。近期我们看到的项目中，部分 CEO 融资之前的股份比例甚至不到 35%。

事实上，从一个中长期的角度来看，过于分散、平均的股权结构对公司可能是隐忧，乃至于成为公司发展道路上的一个"暗雷"。我们建议：融资之前，CEO 的股份最好不低于 60%。这样经过天使融资后，CEO 还能持有公司 50% 以上的股份比例。

初创团队中必须推选出明确的领导人 (CEO) 来做绝对的大股东。如果创业初期，大家的贡献和条件相差不大，建议 CEO 通过个人向公司注资的方式获得更高的股权。股份上的明显优势对于 CEO 树立在团队内部的影响力和话语权也是很有帮助的。但与此同时，CEO 也不能持有过高的股份比例，需要为创始团队留出股份，也为员工和后续核心成员留出期权的空间。

### 三、没有提前制定好游戏规则和退出协定

为什么有的企业会"哥们式合伙，仇人式散伙"？合伙创业的时候，大多是因为惺惺相惜、理念相同，而分道扬镳的原因却

可以有很多：有人承诺带来订单和资源，拿到股份后就不见人影；有人不适应创业的生活，时间不长就退出，接着回归朝九晚五的上班生活；有人讲得天花乱坠，却一开始动手就被打回原形；还有人虽然能力很强，却无法和团队和谐相处。

为了在出现这种窘境时尽可能地保护公司和全体股东的利益，创业之前一定要提前签好退出协议，明确不同退出情况下的股份处理和转让相关条款、机制。如果创业之前顾及"兄弟"情面，没有明确规定出现问题后的应对和调整机制，一旦不利情况发生，公司和剩余股东将陷于被动的境地之中。这就好比结婚前大家先签好了离婚协议，听起来很伤感情，但可能是对彼此最好的保护。

### 四、团队背景过于接近

团队内部讨论的时候，如果两个人的意见总是一致，说明其中至少有一个人是多余的、可以去掉。然而在组建初创团队的时候，不少人却往往忘记了这一点，一味地根据喜好和认同感吸纳团队成员。我就经常看到主要成员来自同一个学校、同一个公司、或同一个地方的公司。过分抱团的典型，学校是清华的，地域是湖南的。上周我收到一个BP，初创团队有8个人，前面7个都是清华校友，你让剩下的那个挂尾的"另类"情何以堪啊？作为清华校友，一方面我也感动于我们校友之间的彼此认同和凝聚力，但另一方面，我却不得不为这个公司担心：团队核心成员的背景太一致，容易形成"核心圈子"，圈子之外的人，能力再强、位置再高也会觉得自己是外围。更重要的是，太封闭的团队其生命力和适应性是有限的。

我非常喜欢Beyond《光辉岁月》中的这句歌词："缤纷色彩闪出的美丽，是因它没有，分开每种色彩"。我们真心希望每一个初创企业都能够组建背景多样化的团队，有着兼收并蓄、开放、平等、自由的文化。

### 五、天上掉下个CXO

创业公司只有几条枪，每一个人都要独当一面甚至好几面，任何一个人拖后腿都将直接影响整体进程，每一个创业伙伴都至关重要。所以务必要在人选的问题上谨慎再谨慎、斟酌再斟酌，尽最大可能去寻找合适的人选，不能指望天上今天掉下个CTO，过几天再掉下个COO……随意地决定一起创业小伙伴的人选，无疑是一开始就在公司安放了一个滴滴作响的定时炸弹。

但是，还是有不少CEO在选择创业伙伴的时候随意得令人发指：有人在小区跑步，认识一个比较聊得来的邻居，就不顾对方的背景、性格、年龄等因素，尽管他完全不懂业务，也没有接触过行业，就直接拉过来当CXO，这样的两人合伙能一起走多远？这里的问号真的需要加粗加下划线还放大了。还有人不管新公司和原公司的业务是否一致，直接从原公司挖来整套人马，也不考虑考虑这么做是否合适，如果这个团队行走江湖会不会被自己的员工有样学样呢？

### 六、贸然和不熟悉的人一起创业

很多人都会纠结：组建团队的时候，是寻找知根知底，但是能力、经历、个性等方面稍有不足的熟人来作创业伙伴，还是更主动地寻找更加合适的队员？为了搭建更有战斗力的团队，需要打开视野，在不熟悉的圈子里寻找合适的创业伙伴。然而，前提是必须在新人正式加入之前就擦亮眼睛仔细甄选，先进行一定的磨合，做到知己知彼。一般来说，如此找到的牛人经常是你不熟悉的，那么该怎么办呢？这就需要提前做好工作，通过多方面的调查和多次深入沟通来了解你的准创业伙伴，以期在最短的时间内达到彼此之间的熟悉和了解。下面是一些实际操作的方法：

（1）多谈几次，每次多花点时间谈透，多谈业务和工作的细节。这些年我在不同的企业中见过不少典型的面霸，他们面试时表现很好，很能打动人，所以往往能拿到不错的职位，但是实际能力非常一般。其实这种人也容易分辨，多问业务方面的细节并听听他的回答是否言之有物。只要问问细节，南郭先生其实是很容易原形毕露的。

（2）多场景接触，比如说一起撸串、喝茶、爬山、打球、打牌、喝酒等，多谈点与工作无关的事情，从不同的场景中来对创业伙伴做出综合判断。此外，重要合伙人一定要跟对方的家人或准家人接触，因为创业不仅仅是工作选择，更是生活方式的选择，没有家人的支持是很难坚持下去的。

（3）找参谋一起谈。这个参谋可以是团队中经验和阅历比较丰富的个人，也可以是你们的投资人。我曾经开玩笑说过，投资人就是专业跟CEO打交道的人。投资人的工作性质决定了他们需要跟不同的牛人接触，阅人无数之后，自然识人的能力也会高一些。事实上，我们的投后服务工作重点之一就是帮已投项目找人或看人。

（4）做背景调查。背景调查是很有效的方法，尤其是如果能找到了解对方情况、眼光犀利且愿意跟你开诚布公的人，将会事半功倍。之所以把这条放到最后，是因为你需要具备用前三种方法，自己排除掉95%地雷的能力；同时，不是所有情况下都能找到合适的人去做背景调查。所以，为了能找到合适的创业合伙人，创业者需要提前布局，扩展人脉。

### 七、一开始就组建一个豪华团队

部分创业者比较理想化，一开始就想着组建一个梦之队。但实际上，梦之队往往都是以惨败收场的。原因很简单，在创业初期选择精益创业方式可以最大可能地提升生存概率，而反其道而行之则容易加速死亡。初创企业的资金都很有限，每一分钱都得用到刀刃上，否则天使轮的小几百万还不够半年烧的。因此，初创企业的人员数量上不能太多，能满足基本的需求就可以了，否则会增加内耗，造成不必要的麻烦。

组建团队时，如果过于求全求好，就会主要出现这两个方面的问题。

(1) 团队成员的背景过好，超出了公司早期业务的需求。我们有时可以看到一些创业者在挑选创业伙伴时，一定要求是同行业大企业的管理层加盟，否则似乎就不够高大上。然而，习惯管理大企业的人，不一定能接地气，也不一定能挽起袖子亲自动手，因此开展业务不一定就会如在大企业那样得心应手。同时，大企业管理层的人力成本也不是初创企业能承担的。另外，大家背景都差不多，谁也不会服谁，在团队股份比例和领导权方面会增加不必要的内耗。当然了，如果你自己是雷军似的人物，本身就比牛人还要领先一筹，就不需要担心这个问题了。

(2) 团队太完善，各种关键、不关键的岗位全部到齐。有的创业者似乎已经被过往从业经历中的层级划分、岗位界定洗脑了。就算公司创立的前半年只是在开发产品，也提前配备好市场和营销人员。更有甚者，有些做天使融资的团队，已经有CFO了。对于这种团队，我们一般都会保持警惕。

**八、引入中看不中用的人**

我们曾经见过一些团队，一眼看去团队成员的背景都非常好，且经验和人脉正好是公司业务发展所需求的。但是跟团队成员细细聊过之后，发现不是那么回事，有些团队成员的背景看着非常令人印象深刻，但是一聊到业务细节就漏洞百出。大公司里边难免会有滥竽充数之辈，但是对小公司来说，如果关键岗位请到的是南郭先生，那很有可能是个灾难。更有甚者，部分创业者为了募资时谈个好价钱，明知道是南郭先生也要招进团队。我有一个在创业的哥们，一次我去跟他们团队讨论业务，出来的时候我忍不住提醒他高管团队中有南郭先生。他的反应让我吃惊，他说："我知道，但是他的背景好，容易获得投资人的认同。"对此，我是不敢苟同的。我们在做团队访谈的时候，如果发现有南郭先生，是要亮红灯的。因为从一方面来看，团队是创业成功重要的必要条件；另一方面，选人的功夫也是我们考核CEO能力中很核心的一部分，成熟的投资者不会仅从团队成员的背景去考虑问题。

**九、所有成员都是兼职创业**

创业是一种生活方式，一旦市场的枪声响起，就要夺命狂奔。创业的日子里，每个人都恨不得每天都有48个小时。朝九晚五？那是很久很久以前的事情了。

数年前，还有不少人是先兼职创业，准备充分之后再辞职。但是近期，随着市场环境的发展和竞争的步调加快，如果你看到了一个市场机会，只要判断其距离市场的爆发不会太远，请不要犹豫，尽快全身心投入其中吧。否则，等你觉得自己准备好了可以创业的时候，没准市场上已经有上百个竞争对手了。

我们曾经见过一个项目，是BAT里的一个程序员自己个人做的App，他的产品比别人领先了大半年推出，在没有任何宣传和推广的前提下获得了上百万的用户，且用户反馈很不错。但是，最终我们还是没有投资，因为他计划辞职专职做自己项目的时候，市场上已经有数个类似的App拿到了大额融资，且市场占有率已经领先于他了。这位程序员就是典型的因为兼职创业而错失机遇的例子。

### 十、招来在做人方面有硬伤的人

如果创业核心成员出现如下的问题，将成为团队团结的障碍。

(1) 品性有问题的人，这种人不仅自己差劲，还影响整个公司的文化和气氛。

(2) 太喜欢公司政治的人。

(3) 太难以与团队进行配合的人。

初创企业，招聘是非常重要的工作，也是创始人需要花大力气的三个重点之一（团队、融资和战略）。但是招聘是个技术活，需要在长期的工作中练就一对火眼金睛，并参考本文第六条的4个建议快速对候选人做出综合判断。

在选人方面，YC创始人Paul Graham给出了一个很好的实操建议：你在跟候选人沟通的时候，如果对方看起来令人印象深刻，但是你自己个人总感觉有疑虑，那么，你要相信你的直觉。

### 总结

世界上没有完美的个人，但有接近完美的团队；创业者需要做的，就是建立起一支能熬过困难、能越战越勇、能持续学习并最终夺取胜利的团队。

一个好的创业合伙人，会在企业困难的时候迎难而上并帮助企业实现腾飞；同样地，一个不合格的合伙人，不仅会延误战机，更可能给企业带来灾难。对创业者而言，选择创业伙伴则意味着未来好几年内你将和他休戚与共，共同决定公司未来几年内的走向。所以需要选择内在价值观一致、能力互补的创业伙伴，并通过提前制定好规则、坦率而真诚的交流以及彼此之间的包容，努力打造一个富有战斗力和生命力的团队。

在初创团队的建设上，建议各位创业者有空的时候可以翻翻《三国演义》，一方面是换换脑子，另一方面也看看三个最牛的创业团队是如何组建出来的，又为什么产生了自身固有的困境和问题。

## 团队的稳定是创业的基石

　　团队的稳定对创业的顺利开展具有举足轻重的作用，因此这也就成了创业者必须面对和重视的问题之一。创业者必须锻炼自己的领导才能，学会如何做一个优秀的团队带头人。

　　我们首先需要认识团队可能遇到的一些困难，并了解一些避免和解决困难的方法。然后我们需要了解如何防止最坏的情形——团队瓦解的发生，掌握几种方法与原则，更好地做好团队工作。

　　创业者的个人特质决定了他所组建团队的特征。一个优秀的创业团队，其领导者必然也是优秀的。我们需要懂得与人相处、深入了解各个成员的优缺点，并能够得到所有人的拥护和认可，这是创业者必须磨练的、也是最重要的"内功"之一。

创业团队遇到的主要困难

**分析问题**

避免团队瓦解的方法

**掌握方法**

知识链接

# 知识点 ❶：创业团队遇到的主要困难

团队对于创业的重要性不言而喻。在实际的创业活动中，创业团队会面临一系列的困难，如果处理不当，将会对士气造成负面影响，挫伤团队成员的积极性，甚至使得团队瓦解。下面，我们就来看一看创业团队可能会遇到的一些主要困难，并寻求其解决之道。

**理念不一**

组建团队必须要理念一致。如果组建时未能深入了解，在合作过程中出现理念上的分歧，就只能选择更换团队成员。

**合作不顺**

合作性是团队成员的基本要求，如果有合作性不佳的成员，将会给团队埋下巨大的隐患。在性格等方面也需要选择有互补性的成员，避免影响合作的顺畅性。

## 内外压力

来自企业内部和外部的压力对团队的凝聚力是一大考验。而压力不仅仅来源于工作中，也来源于生活中，如果团队成员承受不住这种压力而退出，对团队而言无疑是一个打击。对此，在选择成员时就需要留意，在实际工作中也需要注意纾解。

## 意见分歧

在工作中产生意见分歧是很正常的，重要的是采取何种方式解决意见分歧。过于坚持己见并不是最好的方式，换位思考、求同存异才能保持良好的团队氛围。

## 分配不明

无论是股权还是工作的分配都需要合情合理，符合个人能力和意愿。分配上的不合理对团队损害很大，不仅会影响工作的效率，也会使得团队成员之间产生不必要的矛盾。

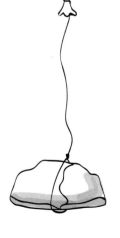

> **知识链接**

# 知识点 ❷：避免团队瓦解的方法

对创业者而言，一个务实高效、步伐一致的团队是创业活动得以顺利进行的重要保证。很多初创企业在业务刚刚有所起色的时候忽然分崩离析，一蹶不振，就是因为团队的合作伙伴之间出现了重大分歧，这时创业自然也就难逃失败的命运。

## ❈ 避免团队瓦解的方法

**01 统一认识**

团队成员在经营理念、发展方向等重大问题必须保持一致，这是合作的基础。如果没有这个基础，团队将会出现难以调和的矛盾与分歧。

**02 保持持续沟通**

在出现问题和矛盾的时候尤其需要保持沟通，只有不断地沟通才能寻求到解决的方法并避免出现类似矛盾。意见上的问题最好不要在公司争辩，这会给员工一个极为错误的示范。

**03 保持友谊**

遇到争论激烈、一时间难以解决的事情时，不妨换个环境，换种心情。这时不妨组织个小活动，或是撇开工作，谈一谈生活方面的话题，这能成为有效的润滑油。

**04 对事不对人**

在任何时候都不能针对个人，而应该就事论事，专注于问题的解决。争执的"输赢"其实无关紧要，能做到"会上是对手，会后是朋友"才是真正的共赢。

## 05 不能经常"考验"

彼此之间的信任可以让团队充分发挥战斗力，应该平等对待团队成员，以合作共赢为目标，而经常"考验"则会对团队之间的合作氛围造成难以弥补的损害。

## 06 做好约定

创业之初该做的约定一定要做好，哪怕会让人产生一些"不舒服"的感觉。基本的"责权"都需要说清楚，甚至要在公司章程中白纸黑字写出来。

## 07 不要过于计较

在团队的合作中，没有必要对一些细节过于在意。计较会造成不必要的隔阂与嫌隙，是典型的"因小失大"。对团队来说，没有什么比良好的合作氛围更重要。

## 08 保持向前看

在合作过程中，不能只盯着目前的困难和纷争，而应该一起向前看。因为大家的最终利益是一致的，向前看能避免把注意力放在眼前的矛盾和其他小事上，也更容易获得认同。

 **拓展阅读**

### 失败的团队领导者的 10 个特征

# 9.3 如何避免财务困境

**引导案例**

## 缺少创业启动资金？
## 你应该知道这些！

来源：根据网络报道汇总整理

大学生李鹏（化名）来自一个偏远的乡村，努力的学习和简朴的生活使得他成为他们村唯一考上名牌大学的村民。李鹏在校期间勤于专业学习和实验，他发明的生物化学相关设备技术也获得了国家专利局给予的发明专利证书。毕业后他也曾想过将自己的设施投资生产，可是父母亲戚资金供给不足，辛苦组建起来的团队在坚持一段时间后，也因为各自的现实压力而最终"分道扬镳"，这样一个"创业梦"就断送在资金不足的路上。

而在3年后，李鹏发现自己的专利竟然被原先团队中的另一位成员"借用"并投资生产，而且还取得了不错的收益，他想去理论，但曾经的"小伙伴"竟然说专利权已经到期，现在是共有财产。李鹏感到有些懊悔，当初因为缺乏创业启动资金没有能再坚持一下。面对曾经共患难的"小伙伴"，他想维护自身的利益，但心中还有一些疑惑和犹豫……

**案例分析：**

李鹏的案例反应了大学生的一些问题，没有利用好知识产权作为自己创业的利器，同时也没有认清知识产权保护的范畴。

在创业初期，虽然李鹏可能因为资金原因无法提供公司建立和生产运营相关的全部资金，但是他忽视了知识产权是可以出资的。

根据我国法律，知识产权是可以用货币估价并可以依法转让的非货币财产。但是，法律、行政法规规定不得作为出资的财产除外。李鹏应该提供专利证、专利登记簿、商标注册证、与无形资产出资有关的转让合同和交接证明等，填写无形资产出资验证清单。在我国，知识产权出资最高可以占70%的注册成本。如果李鹏认识到了这一点，那么在创业初期，其就有可能采用更灵活的方式找到适合的投资商。在国家对大学生创业的诸多优惠政策扶持下，也许就不会错失创业的良机。

此外，根据产权和专利的相关法律，发明和实用新型专利被授予专利权后，专利权人对该项发明创造拥有独占权，任何单位和个人未经专利权人许可，都不得实施其专利，即不得为生产经营目的制造、使用、许诺销售、销售和出口其专利产品。虽然专利权具有时效性，但在我国，根据法律，获得发明专利具有20年的专利保护时间，而非"李鹏曾经的创业伙伴"说的仅仅3年光阴，他已经触犯了李鹏的知识产权，李鹏应向他说明并积极协商处理办法。协商无效时，可以拿起法律的武器来维护自己的知识产权。

## 财务风险,不容忽视

财务风险是创业中面临的最大风险之一。很多企业因为缺乏合理的财务预算与核算,使得企业的经营存在很大隐患,容易导致现金流断裂乃至于创业失败。

我们首先需要了解企业的财务困境是什么以及初创企业可能遇到的财务困境,然后我们需要掌握如何避免企业陷入财务危机的几种方法与原则,从而更好地指导我们的财务工作。

创业者不必是财务方面的专家,但创业者最好能懂得一些关键性的财务知识,从而把握好企业的大局。另一方面,我们也需要财务方面的人才。一个优秀的财务负责人及其团队能够为创业者带来准确的经营状况,从而辅助创业者作出正确的判断与决策。

01
初创企业可能面临的
财务困境
掌握方法

02
避免财务困境的
方法与原则
实践反思

# 知识点 ❶：初创企业可能面临的财务困境

财务困境又称财务危机（Financial crisis），是指现金流量不足以补偿现有债务的情况。相比成熟的大企业，初创企业更像是一艘小船，对于风险的抵御能力比较弱，而在所有的风险中，财务风险是最主要的风险之一。一个看起来不是很重要的错误决定，或许会带来致命伤害。财务风险的规避与把控可以说是企业经营中的命脉与核心基础，避免财务困境非常重要。

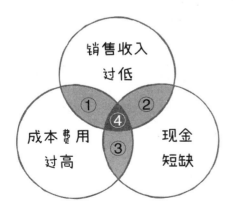

由于进入市场和培育市场需要一定时间，初创企业出现亏损型财务困境的情况比较多。具体而言，企业出现财务困境可能由销售收入过低、成本费用过高、现金短缺所引起，企业应特别避免现金的短缺，尤其应避免三种情况同时出现。

① 销售收入过低，成本费用过高——作好长远规划，确认业务的发展以及资金是否足够支撑企业发展至稳定运营，同时注意节流，节约不必要的开支；

② 销售收入过低，现金短缺——寻找资金来源，尽快寻求市场突破；

③ 成本费用过高，现金短缺——寻找过渡期资金来源，节约开支，砍掉不必要的费用；

④ 销售收入过低，成本费用过高，现金短缺——处境非常艰险，首要任务是寻找资金。

## 盈利型财务困境

很多初创企业会追求市场占有率,以便企业后期获得更高的利润空间。一些市场发展比较好的初创企业,有可能在发展初期就实现盈利或持平,这个时候如果企业没有作好资金规划,融资和市场扩张的节奏把握不好,就很可能陷入盈利型财务困境。

盈利型财务困境一般都是在超常发展的盈利企业产生的。超常发展是指企业片面追求利润或市场占有率,不顾风险地进行快速扩张。有些初创企业通过贷款、融资进行高风险的投资扩张获得超常发展而成功,其诀窍在于融资渠道通畅,而且市场扩张能够有序地进行。另外一种情形是销售规模快速扩大时,企业为了不失去机会,同时赚取更多利润,加足马力扩大生产或者招募人员,增加设备投资。可一旦市场变化,销售锐减,势必出现现金短缺,进入"有利可图,无钱可用"这种极为尴尬的财务困境。

# 知识点 ❷：避免财务困境的原则和方法

初创企业底子薄，企业经营管理的经验也不多，作为创业者，应该牢固树立起健康的财务理念和意识，并积极关注财务体系和原则的确立，避免财务困境的出现。

拓展阅读

**给创业者的 10 条财务建议**

## ❀ 避免财务困境的原则和方法

**建立健全的财务会计核算体系**

创业者应赋予财务机构在公司管理体系中应有的职能，将业务流程与财务流程进行融合，规范财务与业务运作，提升企业的管理效率。

01

02

创业者应该牢牢树立"现金至上"的概念，对于现金流要保持持续和密切的关注，并做好积极稳妥的融资及销售回款安排。

**维持稳定现金流**

**明确核算是财务管理核心**

依照企业的发展阶段，对公司财务进行科学有效的管理，将核算工作作为核心工作，及时服务决策，提高企业竞争力。

03

## 04 建立和完善监督体制

如果监督体制不完善,企业的发展会受到制约。财务体系出现的各种漏洞无法及时得到修补,则会对公司盈利造成不利影响。

## 05 建立财务制度

企业只有对资金、成本、利润的管理都建立完整合理的制度规范,资金使用审批、利润分配原则、成本管控等才能得到有效的管理。

## 06 搭建合理明晰的股权结构

合理的股权结构有利于公司的管理和运营,同时也有利于财务监督和管理,对公司保持活力和可持续发展的后劲具有重要意义。

## 07 选择优秀财务经理及团队

财务总监/经理在创业团队中占有很重要的位置,一个好的财务负责人和他的团队能够很好地掌控财务状况,为公司决策提供有效支撑。

## 08 掌握必要的财务知识

创业者应该掌握必要的财务知识,对企业的运营情况有一个清晰的了解,从而把握住企业发展的脉络、方向和节奏。

## 09 积极关注政策信息

创业者应该及时关注相关政策信息,这有助于企业获取必要的扶持资金,并把握各类政策对于企业税收及财务工作的影响。

# 参考文献

[1] 刘艳彬. 大学生创新创业教程[M]. 北京：中国时代经济出版社，2014.

[2] 袁凤英. 创新创业能力训练[M]. 北京：中国书籍出版社，2014.

[3] 杨敏. 创新与创业指导[M]. 杭州：浙江大学出版社，2012.

[4] 陈劲，高建. 创新与创业管理[M]. 北京：清华大学出版社，2016.

[5] 李笑来. 斯坦福大学创业成长课[M]. 天津：天津人民出版社，2016.

[6] 李伟，张世辉. 创新创业教程[M]. 北京：清华大学出版社，2015.

[7] 陈永奎. 大学生创新创业基础教程[M]. 北京：经济管理出版社，2015.

[8] 杨乐克. 大学生创新与创业教程[M]. 北京：中国时代经济出版社，2014.

[9] 倪锋. 创新创业概论[M]. 北京：高等教育出版社，2012.

[10] 孙洪义. 创新创业基础[M]. 北京：机械工业出版社，2016.

[11] 姚凤云，郑郁，赵雅坦. 大学生就业与创业[M]. 北京：清华大学出版社，2017.

[12] 邓文达. 大学生创新创业基础[M]. 2版. 北京：人民邮电出版社，2019.

[13] 秦勇，陈爽. 创业管理理论、方法与实践[M]. 北京：人民邮电出版社，2019.

[14] 田力，黄泓嘉. 大学生就业指导与实务[M]. 北京：清华大学出版社，2022.

[15] 田兆富. 新时代大学生职业生涯规划与就业指导[M]. 北京：清华大学出版社，2023.

[16] 吴晓义. 设计思维：创新创业原理与实务[M]. 2版. 北京：清华大学出版社，2023.